D1754296

LITTLE
BLACK
BOOK

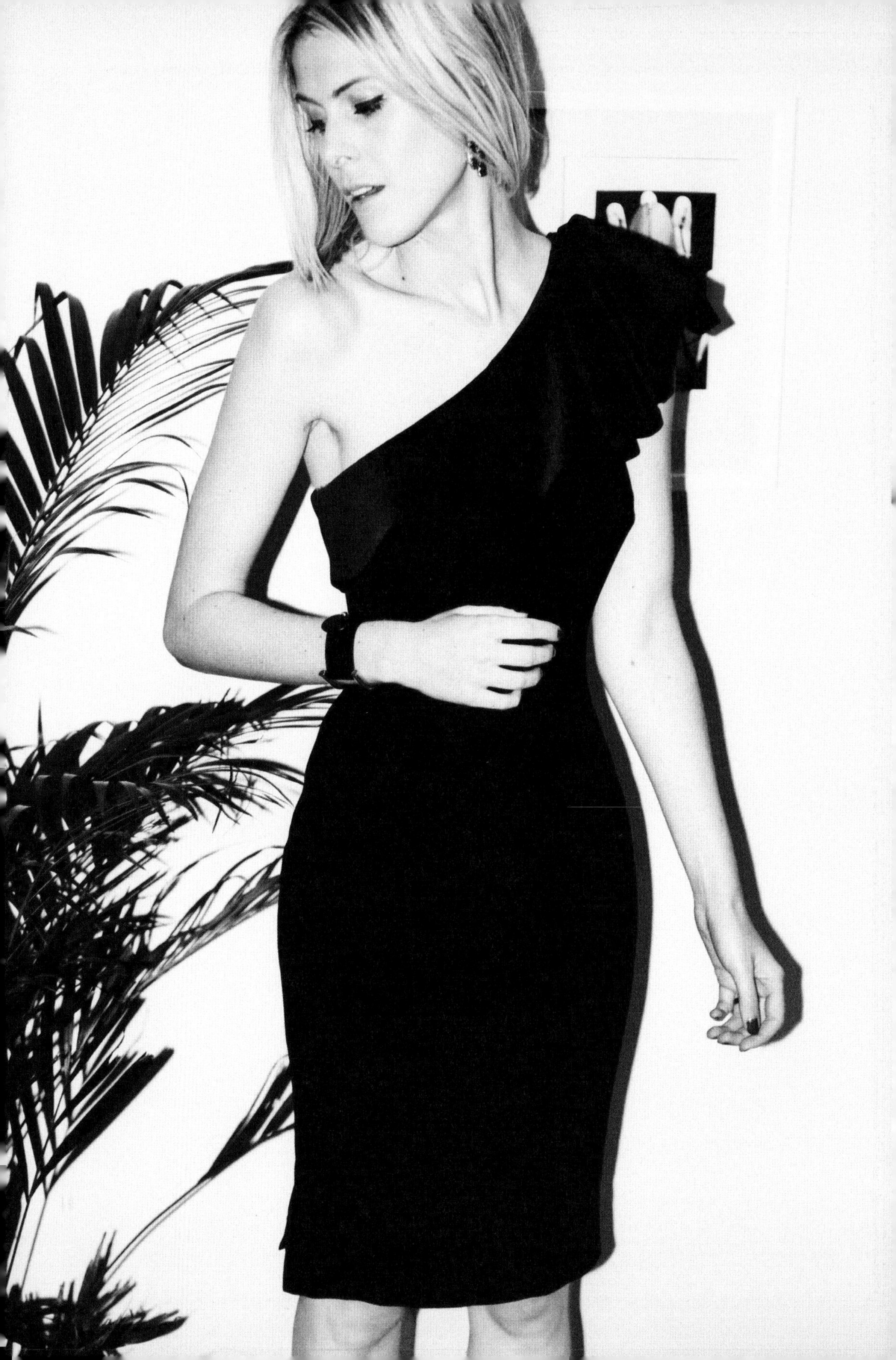

LITTLE BLACK BOOK

SOFIE VALKIERS

DER FASHIONGUIDE FÜR TRENDS UND LOOKS

Fotos von
MARCIO BASTOS

PRESTEL

MÜNCHEN · LONDON · NEW YORK

SOFIE VALKIERS

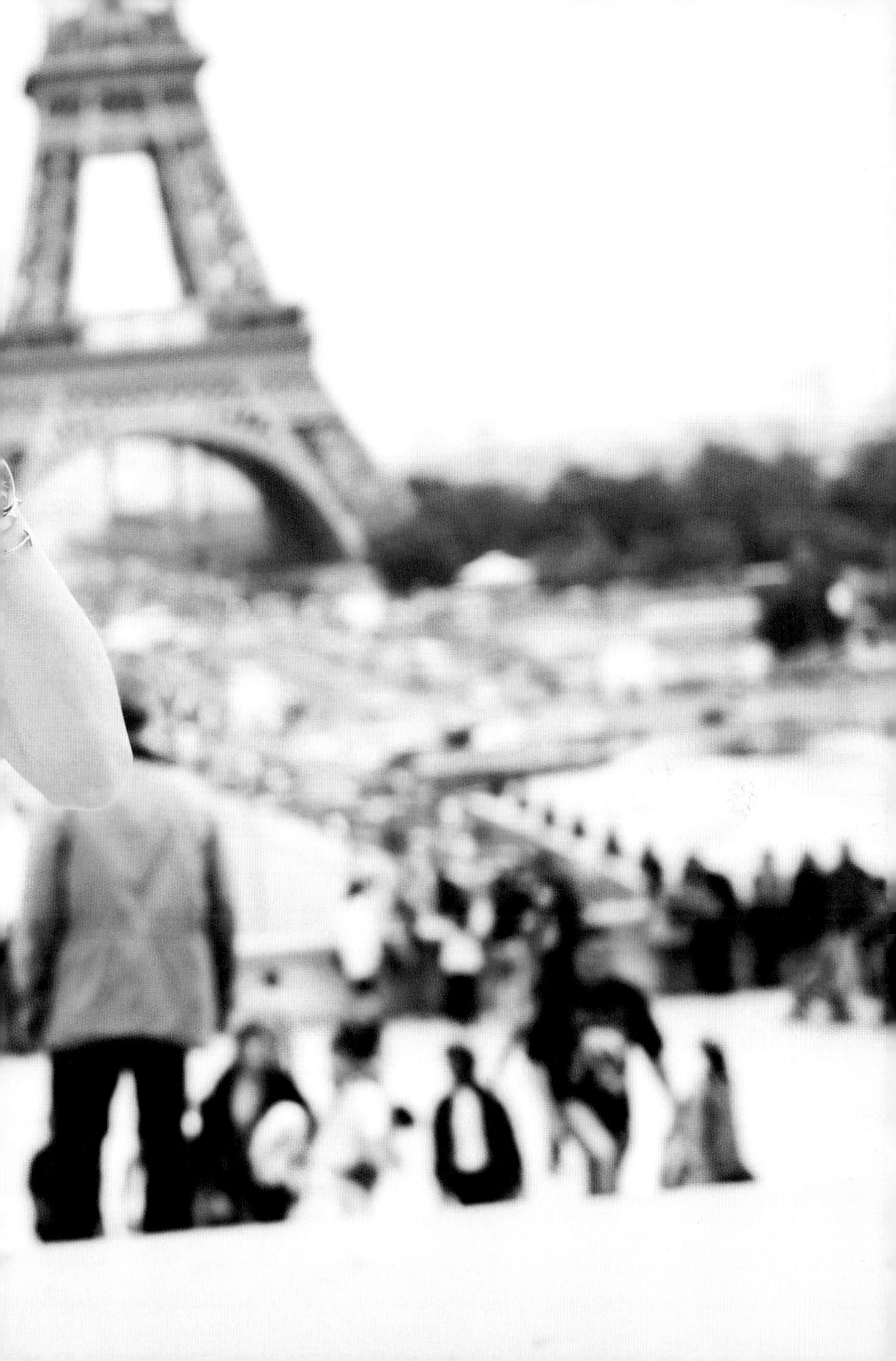

8-9
WIE ALLES BEGANN

24-25
INSPIRATION

50-51
DAS BASICS-EINMALEINS

74-75
LOOKS

88-89
GLAMOUR

INHALT 7

96–97
LOOKBOOK = GUTER LOOK!

108–109
RICHTIG SHOPPEN

118–119
FASHION WEEKS

138–139
BEAUTYTIPPS

158–159
SHOPPING- ADRESSEN

LITTLE
BLACK
BOOK

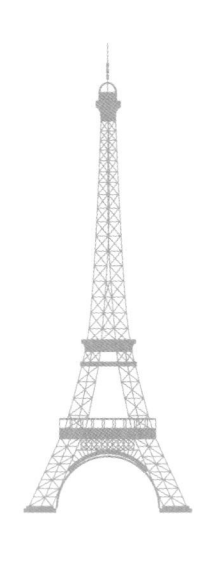

WIE ALLES BEGANN

»Paris hat meine Modebegeisterung erst richtig angefacht.«

SOFIE VALKIERS

STUDENTIN WIRD KÖCHIN WIRD MODEBLOGGERIN

Also gut, beginnen wir am Anfang: Es begann kurz nach der Jahrtausendwende in einer Küche in Antwerpen, wo ich erfolgreich meine Ausbildung zur Köchin abschloss. Ja, richtig gelesen, ursprünglich wollte ich ein Restaurant eröffnen (wirklich!). Allerdings machte ich neben den abendlichen Kochkursen tagsüber auch noch etwas anderes, nämlich Marketing und Business Management studieren. Das war eines der düstersten Kapitel meines Lebens. Ich war fast rund um die Uhr mit Studium und Kochen beschäftigt … es war wirklich mörderisch! Glücklicherweise zahlte sich die harte Arbeit aus, denn nach vier Jahren hatte ich immerhin drei Abschlusszeugnisse in der Tasche.

»*Ich war rund um die Uhr mit Studium und Kochen beschäftigt. Immerhin wollte ich ja schon bald mein eigenes Restaurant eröffnen!*«

Nach dem Studium bot sich mir eine einmalige Gelegenheit: ein halbjähriges Praktikum im Pariser Nobelhotel George V mit seinem Zwei-Sterne-Restaurant. Dort lernte ich eine Menge. Die Kehrseite der Medaille: Die sechs Monate entpuppten sich als ein echter Knochenjob. Sie waren so hart, dass ich am Ende sogar meine lang gehegten Restaurantpläne infrage stellte. Ich war mir nicht mehr sicher, was ich im Leben machen wollte. Trotzdem bin ich sehr dankbar für diese Erfahrung, denn in Paris lernte ich meinen Freund kennen. Ah, l'amour …

Zu Hause in Belgien saß ich eines schönen Sonntagmorgens bei meinen Eltern am Frühstückstisch. Es ging wieder einmal um meine Modebegeisterung, die in Paris erst richtig angefacht worden war: der Stil der Pariserinnen, die Modesalons im Grand Palais, die unzähligen Boutiquen, die Modewochen ... Jede freie Minute beschäftigte ich mich mit Mode. Nach den sechs Monaten in der Seine-Metropole stand für mich zweifelsfrei fest, dass Mode in meinem Leben sehr viel mehr als nur ein Hobby war.

Ich wollte meine Leidenschaft mit anderen teilen. Es musste doch irgendwo Gleichgesinnte geben. Im Internet fand ich nur Modeblogs auf ausländischen Seiten. Die Amerikanerinnen und Schwedinnen waren mir da offensichtlich weit voraus. Belgische Blogs – Fehlanzeige! Ich begann, stapelweise Bücher über Mode zu verschlingen, suchte in meiner gesamten Freizeit Hintergrundinformationen zu Modedesignern. Ich träumte sogar von Mode ... Was hinderte mich eigentlich daran, einen belgischen Modeblog ins Leben zu rufen? Diesen Gedanken verfolgte ich weiter, und so entstand **Fashionata**!

> »Was für eine aufregende Entdeckung: Es gab Frauen, die noch modebesessener waren als ich!«

Von dem Moment an – das war irgendwann 2007 – postete ich in meinem Blog täglich Neuigkeiten und Tipps aus der Welt der Mode. Das Feedback meiner Leser(innen) ließ nicht lang auf sich warten, und plötzlich wurde mir klar, dass es noch mehr modeverrückte Frauen wie mich gab, die begierig alles über die neuesten Modetrends in sich aufsogen. Wow, was für ein unbeschreibliches Gefühl!

> »Nach drei Jahren Bloggen und Arbeiten wollte ich von nun an beides miteinander kombinieren.«

Natürlich war ich damals nicht hauptberuflich Bloggerin. Anfangs wollte ich mein Studium zu Geld machen, und so gründete ich 2008 meine eigene Marketingfirma. Ich hatte gute Aufträge, aber gleichzeitig nahm Fashionata immer mehr Zeit in Anspruch ... Schließlich boten mir ein paar Modezeitschriften die Möglichkeit, mein Style-Portfolio zu erweitern. Ein Traum wurde wahr! Nach drei Jahren Bloggen traf ich meine Entscheidung. Die Arbeit an Fashionata sollte mein Hauptberuf werden. Das hätte ich mir selbst in meinen kühnsten Träumen nicht auszumalen gewagt!

Und heute? Heute habe ich meine eigene Schmuckkollektion, entwerfe Mode für das Modelabel *Essentiel* und arbeite im Rahmen des Lifestyleformats *Shoot* für den flämischen Fernsehsender *VIJF*. Außerdem werde ich zu den Fashion Weeks in Paris und New York eingeladen, interviewe Stilikonen wie Diane von Fürstenberg und Mark Jacobs. Und ich habe gerade meine eigene Lifestyle-Linie SANUI lanciert. ... *Ich lebe meinen Traum!* Und bin extrem dankbar für all die Chancen, die sich plötzlich in meinem Leben auftaten. Kein Wunder, dass ich jeden Morgen mit einem breiten Lächeln aufstehe.

Allerdings darf man das Ganze nicht nur durch die rosarote Brille betrachten, denn dahinter steckt wirklich viel harte Arbeit. Mein angesammeltes Schlafdefizit aus den letzten Jahren werde ich in diesem Leben wohl nicht mehr abbauen können.

Egal, ich würde trotz allem keinen anderen Beruf wollen, denn ich habe bereits den schönsten Beruf der Welt!

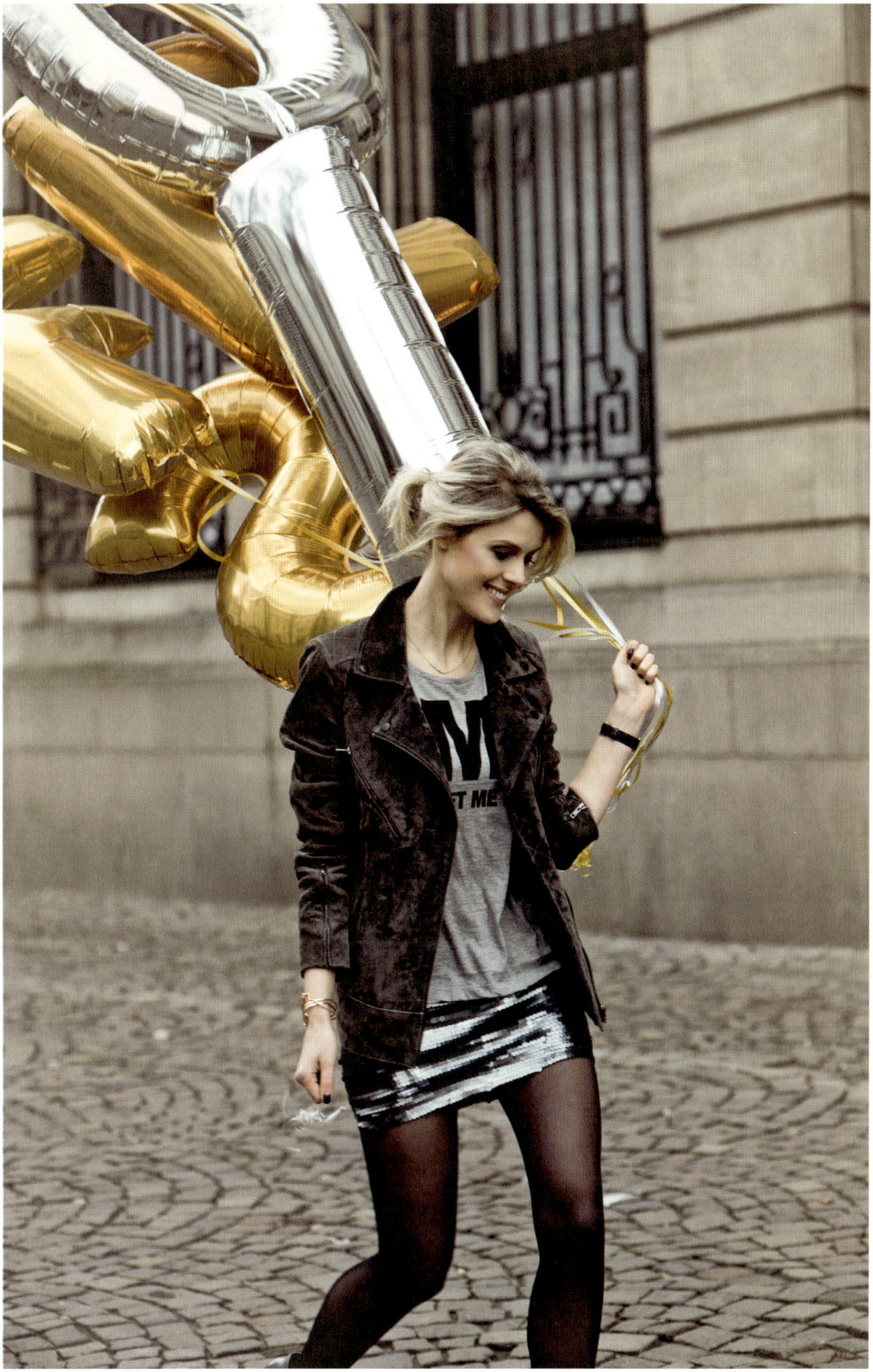

WIE ALLES BEGANN 15

»Ich lebe meinen Traum!«

identity

STECKBRIEF

NAME
Sofie Valkiers

GEBURTSDATUM
17. Juli 1985

WOHNSITZ
Antwerpen

LIEBLINGSDRINK
Gin Tonic oder Cointreaupolitan … schwer zu sagen.

LIEBLINGSESSEN
Meeresfrüchte in jeder Form:
Hummer, Scampi, Austern etc.

MOTTO
Lass deine Träume fliegen, hab keine Angst
zu scheitern und genieße das Leben!

WOFÜR MAN MICH MITTEN IN DER NACHT WECKEN DÜRFTE
Ein Treffen mit Karl Lagerfeld, gegrillten Hummer
(Freundinnen auch ohne besonderen Grund)

BERUF
Ich bin weder Journalistin noch Modedesignerin –
ich bin Modebloggerin, in erster Linie aber Unternehmerin,
die etwas mit anderen teilen möchte.

MEIN STYLE

Meinen Style in einem Satz zusammenzufassen ist schwierig, aber ich will es trotzdem versuchen. Ich mag alles Schöne: schöne Stoffe, Kleidung, die mir steht und natürlich zu meiner Figur passt. Letzteres ist ja nicht ganz unbedeutend :-). Mich interessiert nicht, was *in* ist. Ich mag hübsche zeitlose Kleidungsstücke mit einem Hauch Glamour, große Sonnenbrillen, witzige Uhren oder ausgefallene Designerhandtaschen. Andere Leute und ihren Style kopieren kommt nicht in Frage. Ich stehe auf bequeme, elegante, feminine Outfits. Dementsprechend lautet mein Motto: »*Sei kein Fashion Victim, sondern Trendsetter!*«

> »*Sei kein Fashion Victim, sondern Trendsetter!*«

Heute kann ich mir ein Leben ohne Mode nicht mehr vorstellen. Nachts träume ich von Farbkombinationen und Stoffen, und morgens wähle ich ein Outfit, das meine aktuelle Stimmung widerspiegelt. Bei der Kleiderwahl lasse ich mich grundsätzlich von meiner Tagesstimmung leiten. An manchen Tage fühle ich mich sexy und greife zu Rock und High Heels, an anderen fällt meine Wahl dagegen auf die lederne Motorradjacke und Unisex-Stiefel. Gegen die **Grundregel** verstoße ich jedoch nie.

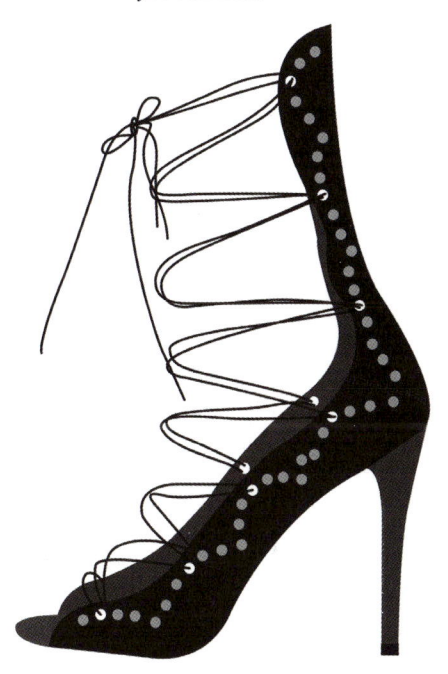

> **GRUNDREGEL**
>
> **1.**
> Zunächst kommen die **Basics** (zum Beispiel ein Oversize-Pullover zu Skinny Jeans oder Lederminirock).
>
> **2.**
> Dann wird das Outfit durch ein **Statement-Accessoire** abgerundet (etwa einen karierten Schal, eine Oversize-Clutch oder ein Paar Mörderheels).

Außerdem habe ich eine Schwäche für Kontraste: Sneakers zum Paillettenrock, Ohrringe zum Sweatshirt. Mein Tipp für Besucherinnen von Modeschauen: ungekämmt hingehen. Ich stehe total auf diesen lässigen Look. *Unverkrampfte Coolness* – damit kommt jede groß raus, wirklich!

Und nun zum Wichtigsten … Tusch! … den Schuhen! Sie adeln jedes Outfit und setzen Akzente, was ich besonders mag. Sie runden den Look ab. Ein feminines, elegantes Outfit schreit geradezu nach ungekämmtem Haar und auffälligen Accessoires. Sonst wirkt der Look zu mädchenhaft. Ich finde es schön, wenn ein Look überrascht. Wie gesagt, Kontrast ist alles.

MODE MACHT SELBSTSICHER

Manche meinen vielleicht, ich hätte nach dem Start von Fashionata beim Anblick der Models in ihren unerschwinglichen Outfits Komplexe bekommen. Weit gefehlt! Je länger ich mich beruflich mit Mode beschäftige, desto selbstsicherer werde ich. Auch mein Blog trägt maßgeblich zu meinem Selbstbewusstsein bei. Ich traue mich jetzt viel mehr, stehe zu mir … Selbst Reden vor Publikum schreckt mich nicht mehr. Früher hätte ich mich mit geröteten Wangen am liebsten in die hinterste Ecke verkrochen. Heute stelle ich mich gern neuen Situationen und suche nach Herausforderungen. Es ist wie mit dem Sport: Man hat zuerst keine Lust, doch nach einiger Zeit fühlt man sich toll. Und genau das ist der beste Look – wer sich in seiner Haut wohlfühlt, strahlt.

Eines habe ich gelernt: Man sollte nicht zu viel von sich verlangen. Ich denke einfach immer positiv. Und noch ein einfacher, aber wirkungsvoller Tipp: Erst tief durchatmen – dann geht's! So kann man wunderbar Spannung abbauen. Stress macht nämlich hässlich. Deshalb nehme ich mir auch immer mal wieder einen Tag frei, nur für mich. Alles andere **kann mich dann mal**. OK, Letzteres sollte man natürlich nicht sagen, sondern nur denken, aber schon allein das tut gut :-).

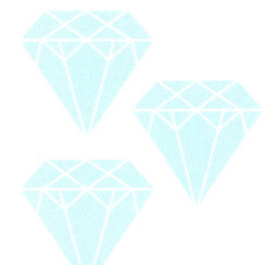

Hier meine ultimativen Stylingtipps für schlechte Tage:
1. Schlechten Tag erwischt? Diamanten tragen!
2. Keine Ahnung, was man anziehen soll? Dann zu Schwarz greifen. Schwarze Skinny Jeans + schwarzer Kaschmirpullover + schwarze High Heels + roter Lippenstift + ungekämmtes Haar = DER Look für schlechte Tage.

WIE ICH MEINE LEIDENSCHAFT ZUM BERUF MACHTE

Wenn man etwas leidenschaftlich betreibt, strahlt man diese Leidenschaft auch aus. Mein Blog machte mir so viel Spaß, dass ich ihn mit möglichst vielen Menschen teilen wollte. Ich erinnere mich noch an den Nachmittag, an dem ich auf der Antwerpener Einkaufsmeile Meir selbstgedruckte Fashionata-Flyer verteilte. Die positive Reaktion der Passanten beflügelte mich derart, dass ich mich zu Hause gleich noch intensiver in die Arbeit stürzte. Außerdem erwies sich mein Blog als echter Ego-Booster.

> »*Mein Blog erwies sich als echter Ego-Booster.*«

Danach ging alles sehr schnell. Nach nur wenigen Wochen hatte ich bereits mehrere Hundert Leser(innen) – Wahnsinn! Mittlerweile zählt Fashionata jeden Monat rund 120 000 Besucher(innen). Kaum zu glauben, oder? Auch mehrere Firmen und Modelabels wurden auf meinen Blog aufmerksam und boten mir Kooperationen und Kleidung an. Im Gegenzug sollte ich mich in diesen Kleidungsstücken fotografieren lassen und das Foto in meinem Blog posten. So was ist natürlich toll, aber auch nicht ungefährlich. Für mich gibt es dabei ein unumstößliches Gesetz: Gefällt mir diese Marke? Würde ich selbst sie tragen wollen? Muss ich eine der beiden Fragen mit Nein beantworten, war's das. Ich lasse mich nicht von großen Namen oder PR-Abteilungen ködern. Bekomme ich unverlangt Kleidung zugeschickt, die mir nicht steht, sende ich sie postwendend zurück. Schließlich will ich meinen Enkelkindern stolz von meinem Blog erzählen können! :-)

»Sofie, wie schaffst du es nur, mit so etwas Simplem wie einem Blog Geld zu verdienen?« Das ist die Frage, die mir am häufigsten gestellt wird. Ganz einfach: Ebenso wie Modezeitschriften verdiene auch ich das meiste Geld mit Werbung und Firmenkooperationen. Das klingt einfach, ist aber harte Arbeit. Ja, genau: Arbeit. Für mich hat es sich jedoch nie so angefühlt, denn ich könnte mir keinen schöneren Beruf vorstellen.

WAS MAN ALS KIND LERNT, VERGISST MAN NICHT

Dieses Buch gäbe es nicht ohne meine Mutter. Sie legte immer großen Wert auf hochwertige Stoffe und schöne Schnitte. Wenn ich heute mit Freundinnen shoppen gehe, achte ich zuerst auf die Stoffqualität. Meine Freundinnen finden das zwar komisch, aber immerhin hat mich das dahin gebracht, wo ich heute bin.

Auf Fotos sieht meine Mutter immer elegant aus: einfache, aber hochwertige Kleidung, schicker Haarschnitt und blaue Mascara zur Betonung der Augen. Ob im Oversize-Jeanshemd oder im pinkfarbenen Kleid, Mama hat diesen unverkrampft lässigen Look, der vielen Frauen so schwerfällt.

Nun hat meine Mutter es mit einer Tochter wie mir nicht immer leicht gehabt. Hatte ich mir ein bestimmtes Paar Schuhe in den Kopf gesetzt, konnte ich ungemein stur sein. Die und keine anderen. Mama ging dann mit mir auf die Suche nach genau diesen Schuhen, manchmal tagelang. Und häufig landeten die Sachen, die sie mir manchmal überraschend kaufte, ganz unten im Kleiderschrank, und dort blieben sie auch. Ich wusste nämlich schon sehr früh, was ich tragen wollte, und vor allem, was ich nicht tragen wollte.

Ich werde nie meinen 16. Geburtstag vergessen, als ich von meiner Mutter die erste Designerhandtasche meines Lebens geschenkt bekam: eine Louis-

Vuitton-*Monogram*-Tasche. Ein denkwürdiger Moment in unserer Mutter-Tochter-Beziehung!

Auch mein Vater hat – wie meine Mama :-) – ein Gespür für schöne Dinge. Als Koch weiß er sehr genau, dass das Auge mitisst. Dementsprechend kommen bei ihm immer sorgfältig aufeinander abgestimmte Farben auf den Teller. Und auch er setzt kompromisslos auf Qualität.

Ich hatte also die besten Lehrer der Welt: meine Eltern. Von ihnen lernte ich eine der wichtigsten Lektionen im Leben:

Achte immer auf dich und dein Aussehen (danke Mama).
Nimm nur hochwertige Produkte (danke Papa).

Was man als Kind lernt, vergisst man nicht. Wie wahr!

LITTLE
BLACK
BOOK

INSPIRATION

Jane Birkin
Brigitte Bardot
Coco Chanel
Kate Moss
Julia Restoin Roitfeld
...

SOFIE VALKIERS

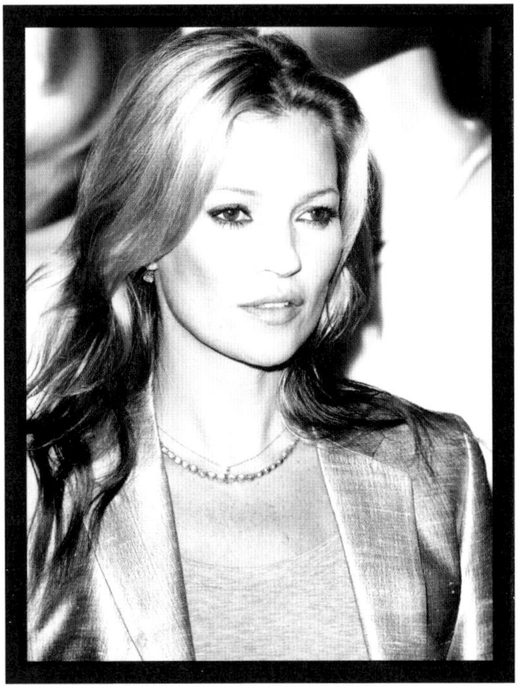

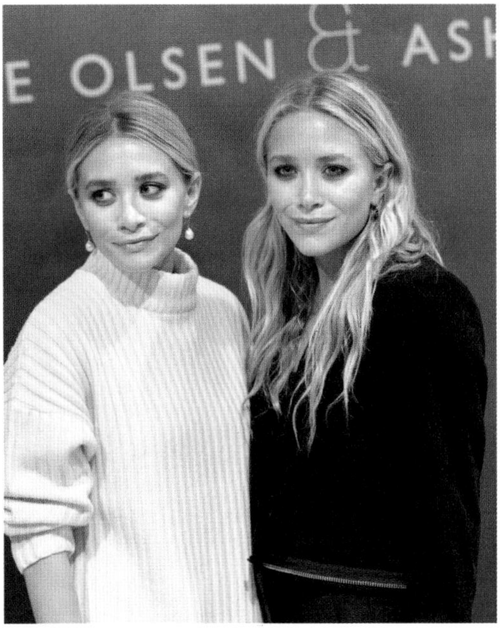
E OLSEN & ASH

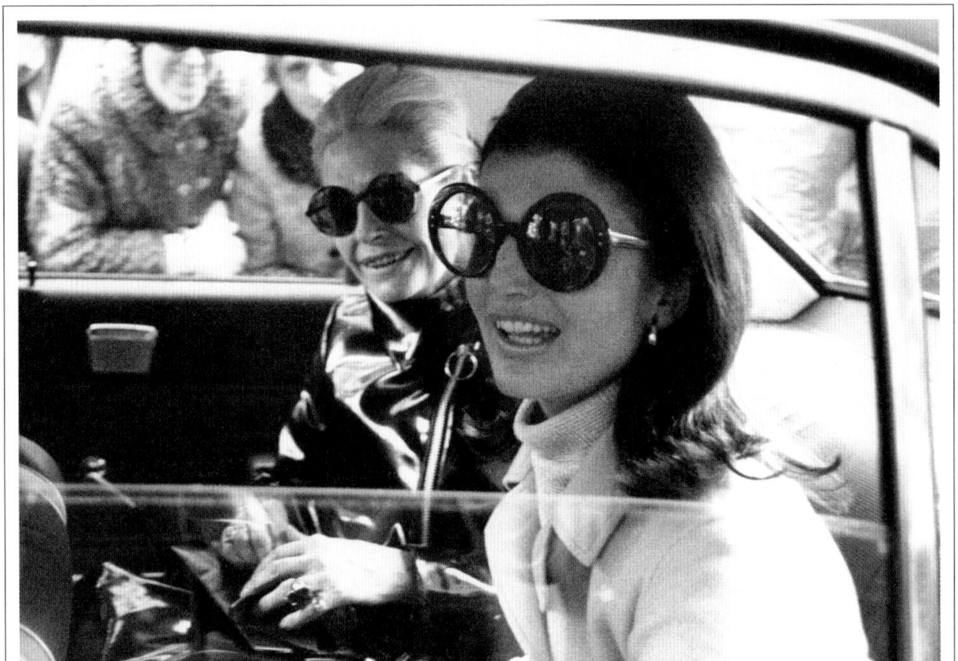

Wenn ich nicht weiß, was ich anziehen soll (ja, das kommt vor ;-)), lasse ich mich von meinen Moodboards und den Outfits der Supermodels inspirieren.

MODE – EINE STIMMUNGSFRAGE

Auf meinem Desktop sind eine Reihe inspirierender Fotos abgelegt. Auch Modezeitschriften sind eine gute Anregung. Manchmal reiße ich eine besonders interessante Seite heraus. Mittlerweile habe ich ein **geübtes Auge**, betrachte Kunst oder Fotos und achte darauf, was um mich herum passiert.

Zehn Minuten an der Straßenbahnhaltestelle oder 15 Minuten in einer Warteschlange geben Gelegenheit, sich umzusehen. Die Inspiration kommt von selbst. Beobachte andere Frauen, die die gleiche Statur haben wie du, überlege dir, welche du interessant findest, welchen Typ Frau du bewunderst, und finde heraus, was genau du an ihr schön findest.

Stelle Moodboards zusammen, ganz einfach mithilfe der **Pinterest**-Pinnwand. Und wenn du wieder einmal nicht weißt, was du anziehen sollst, zieh einfach die Pinnwand zurate.

Trends werden auf den **Laufstegen** gesetzt. Speichere die Webseite www.vogue.com unter deinen Favoriten. Dort findest du die neuesten Kollektionen deiner Lieblingsdesigner und kannst schon mal die Einkaufsliste für die kommende Saison zusammenstellen.

Sieh dir alte **Filme** an. Lass die Geschichte und vergangene Trends auf dich wirken. Einfach ausprobieren! Mich haben schon immer starke Frauen angezogen, erfolgreiche Frauen mit eigenem Style. Hier einige meiner Idole:

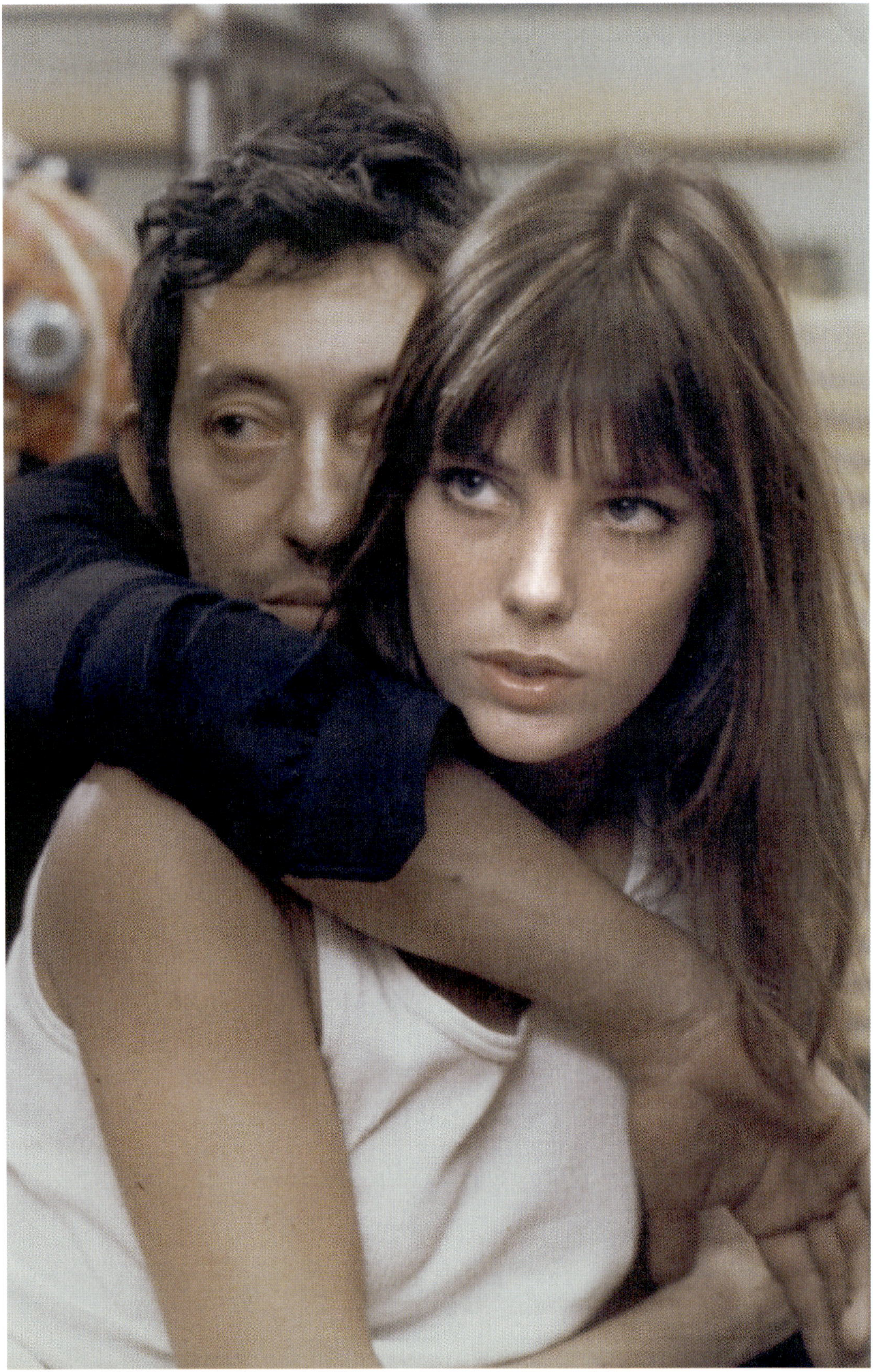

MEINE VORBILDER VON FRÜHER

Jane Birkin

Würde Jane Birkin in ihrem Outfit aus den Sechzigerjahren heute ein Café betreten, zöge sie nach wie vor alle Blicke auf sich. Und warum? Weil zeitlose Outfits auch Jahrzehnte später noch wirken. An Jane Birkin wirkte sogar ein einfaches weißes T-Shirt extrem stylish. Sie ist eine echte Stilikone. Kein Wunder, dass Hermès ein Handtaschenmodell nach ihr benannt hat.

> *Zur Entstehung der Handtasche erklärte Birkin: »Ich saß im Flugzeug mit einer Plastiktasche, die plötzlich riss, sodass alle meine Sachen – Terminkalender, Zeitungen etc. – herausfielen. Wie schön wäre es, dachte ich laut, wenn Hermès eine Tasche produzieren würde, in der alle meine Sachen Platz hätten. Das hörte der Mann neben mir, Jean-Louis Dumas, seines Zeichens Chefdesigner bei Hermès. Auf die Kelly Bag, benannt nach Grace Kelly, sollte nun die Birkin Bag folgen. Ich besuchte Dumas im Atelier. Er hatte ein Modell aus Pappe angefertigt, wir diskutierten darüber, ich schlug ein paar Änderungen vor, unter anderem größere Innentaschen, und so entstand die Birkin Bag.«*

DER JANE-BIRKIN-LOOK
- Kurzes schwarzes Langarmkleid (Jane machte das kleine Schwarze mit entsprechenden Accessoires zum Abendoutfit)
- Schmale Goldkette mit Anhänger
- Falsche Wimpern für den verführerischen Blick
- Nude Lippenstift
- Feminines, unaufdringliches Parfum
- Birkin Bag
- Klassisches weißes T-Shirt
- Schwarzer Rollkragenpulli
- Spitz zulaufende Ballerinas
- Häkel-Minikleid

Brigitte Bardot

Im Sommer habe ich Lust auf den Brigitte-Bardot-Look: Löwenmähne, VIEL Flüssigeyeliner, blau-weiß gestreiftes Marineshirt, Caprihose und riesige Sonnenbrille. Fertig. Schlichte Eleganz ohne großen Firlefanz. Wollen wir nicht letzten Endes alle so sexy und lasziv aussehen wie Brigitte in Saint Tropez?

Coco Chanel

Aaah, Coco Chanel … die ultimative Modepionierin. Sie machte Männerkleidung für Frauen salonfähig. Ihre Devise: hochwertige Qualität und gutes Design.

EIN PAAR FAKTEN ÜBER COCO

- Coco begann als Hutmacherin. Ihre wohlhabenden Kundinnen ließen sich sehr schnell auch von ihren revolutionären Modevisionen überzeugen. Also sattelte Coco auf Mode um.
- Vor der Gründung ihrer eigenen Firma arbeitete sie als Angestellte in einem kleinen Strumpfgeschäft. Wie man sieht, musste auch Coco ganz unten anfangen.
- Coco begründete den Bräunungstrend, als sie nach einer Bootsfahrt nach Cannes sonnengebräunt von Bord ging ;-).
- Das Ritz war ihr zweites Zuhause.
- Ihre Lieblingszahl war 5. Ihr berühmtestes Parfum hieß Chanel N°5, weil es die fünfte Duftprobe gewesen war, die man ihr präsentiert hatte. Nicht nur Marilyn Monroes Lieblingsparfum, sondern auch das Tausender anderer Frauen.
- Coco hatte zwar viele Männer, verheiratet war sie jedoch nur mit ihrer großen Liebe, der Mode.
- Ihr Lieblingszitat: »Wenn du weißt, dass die meisten Männer wie Kinder sind, dann weißt du alles.«

Jackie Onassis

Jackie O. wird immer eines meiner ganz großen Vorbilder sein. Von ihr habe ich gelernt, dass uni immer elegant aussieht. Sie inspirierte mich auch dazu, mir meine erste überdimensionierte Sonnenbrille zu kaufen.

DER JACKIE-LOOK

- Lässige Eleganz in Schwarz und Weiß, dazu Diamanten – der perfekte Look für den Alltag.
- Riesige Sonnenbrille (auch bei bedecktem Himmel zu tragen).
- Trends ignorieren: Hosen tragen, wenn Miniröcke *in* sind.
- Das wertvollste Accessoire? Das Umfeld (die Familie oder ein guter Freund, der einen zum Lächeln bringt!).

Peggy Lipton

Nachdem ich die eher langweilige Siebzigerjahre-Polizeiserie *The Mod Squad* (deutsch: *Twen-Police*) gesehen hatte, durchforstete ich stundenlang das Internet nach Infos über Peggy Lipton. Sie hatte diesen Model-Look, den ich so liebe, und ganz offensichtlich ein Gefühl für Style und tolle Printstoffe. Sie zeigte mir, dass Mode kein Buch mit sieben Siegeln ist. Sie trug meist Jeans, T-Shirts und goldene Ohrringe. In einem Interview sagte sie: »Sexy ist out.« Das werde ich nie vergessen.

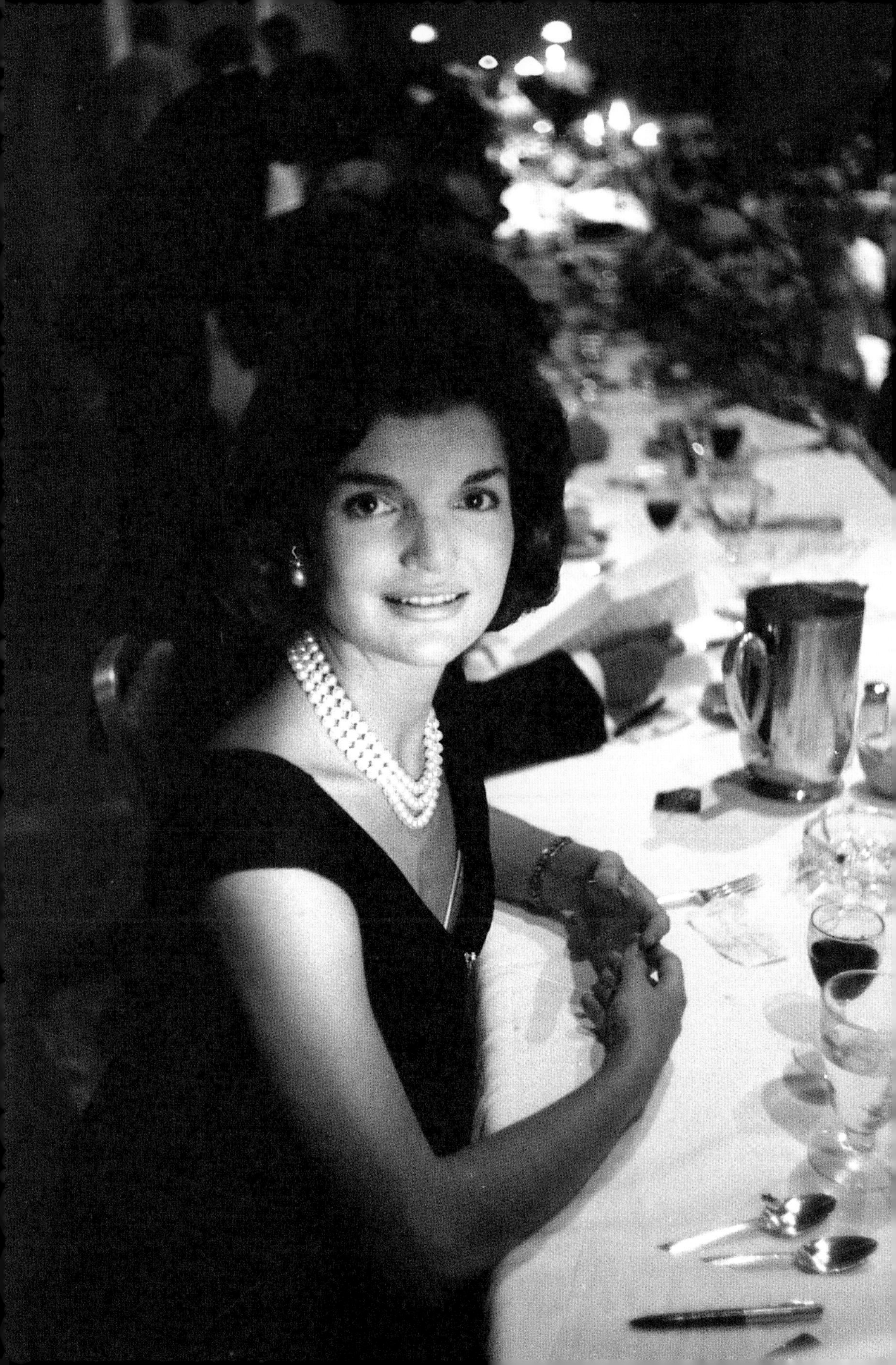

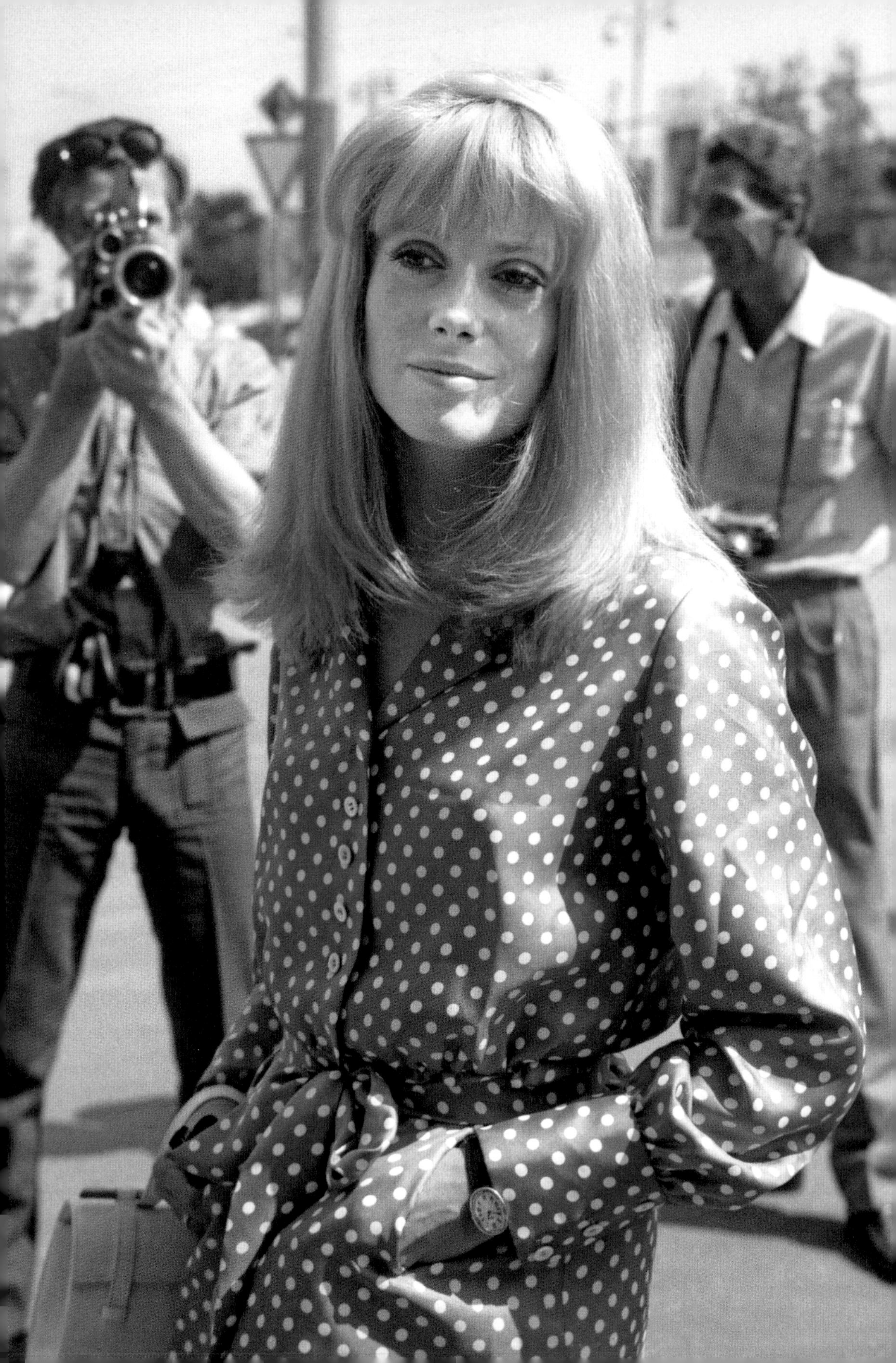

Catherine Deneuve

Dank Catherine Deneuve entdeckte ich Yves Saint Laurent. In dem Film *Belle de Jour* trug sie diese tollen YSL-Outfits. Den Film habe ich wohl 100 Mal gesehen. Kurze taillierte Kleider, Damensmokings, schwarzer Lacktrenchcoat (so etwas suche ich noch heute) und vieles mehr. Sie war mein Vorbild, als ich an meinem 14. Geburtstag mit schwarzem Eyeliner und Mascara experimentierte ... Ich entschuldige mich übrigens in aller Form für meinen fürchterlichen Anblick nach den ersten gescheiterten Versuchen. Sorry, Mama ;-).

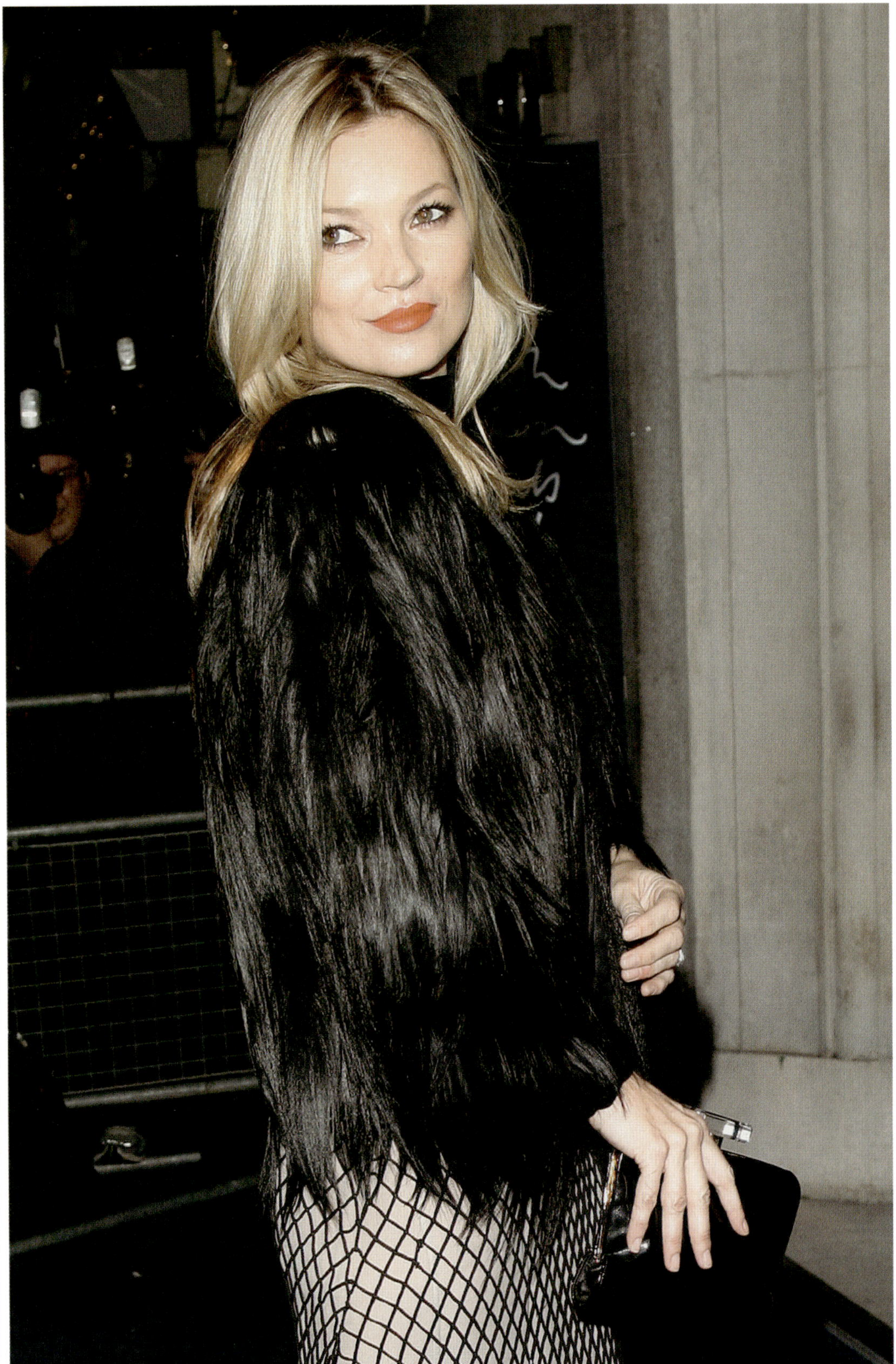

MODERNE STILIKONEN

Kate Moss
Wenn jede Frau ein bisschen vom Kate-Moss-Look hätte, wäre diese Welt schöner. Sie hat dieses *gewisse Etwas*, diese unglaubliche Nonchalance. Sie adelt alles, was sie trägt. Unbedingt im Blick behalten! Ich suche oft nach ihren aktuellen Fotos. In einem ihrer Interviews habe ich gelesen, dass sie sich von den Sechziger- und Siebzigerjahren hat inspirieren lassen, der Rolling-Stones-Ära. Wenn man genau hinschaut, erkennt man immer wieder die gleichen Elemente: ungekämmtes Haar, maskuline Anzüge, Jacken und Stiefel, Paisley-Schals und Lederwesten. Kate Moss, die Rockerbraut.

Emmanuelle Alt
Emmanuelle Alts Style wirkt geradezu mühelos, ohne großen Aufwand. Aber Vorsicht, der Schein trügt, denn er wird durch viele kleine Details einzigartig. Hier die Marken, die sie für ihre Basics bevorzugt:
- Handtasche: Louis Vuitton Speedy Bag (von Sofia Coppola)
- Mantel: Balmain oder Rick Owens
- T-Shirts: Balmain oder Uniqlo (Herrenabteilung!)
- Jeans: Topshop (sie trägt ausschließlich Baxter Jeans)
- Pullover: Kaschmir (Prada, was sonst?)
- Uhr: Cartier Tank
- Parfum: Prada *Infusion de Fleur d'Oranger*
- Schuhe: Alaïa!
- Unterwäsche: Petit Bateau
- Schmuck: Hermès Collier de Chien

Julia Restoin Roitfeld

Die typische Pariserin! Julia hat Stil und Eleganz, und weder das eine noch das andere wirkt aufgesetzt. Ihre Mutter ist Carine Roitfeld, mit anderen Worten: ihr wurde Stil in die Wiege gelegt. Eines ihrer großen Vorbilder ist Romy Schneider in dem Dreiecksdrama *Der Swimmingpool*. Mir gefällt zwar Romy ähnlich wie Jane Birkin in erster Linie als Stilikone, dennoch ist der Film auch als solcher sehenswert!

Caroline de Maigret
Immer wenn ich Caroline de Maigret sehe, denke ich, was für eine coole Rockerbraut. Sie ist eine von diesen Frauen, die immer cool aussehen, selbst wenn sie es nicht darauf anlegen (zumindest soll es ungewollt wirken). Eine Pariserin mit Rock 'n' Roll-Mentalität. Sie bevorzugt den maskulin-androgynen Look. Langes braunes Haar, Beine bis zum Hals und jungenhaftes Aussehen. Finde ich toll!
Ihr typischer Look: Jeans, weißes Hemd und Lee-T-Shirts. Ihre Lieblingsmarken: Lanvin, Martin Margiela und Dries Van Noten. Accessoires und Schmuck sucht man bei ihr meist vergeblich (da ohnehin störend). Sie besitzt nur eine einzige It-Bag: *Le Billy* von Jérôme Dreyfuss. Caroline lässt sich von der Musikwelt inspirieren. Ihr großes Vorbild: Patti Smith. Die ist genauso tough wie sie.

40 INSPIRATION

Die Olsen-Zwillinge

Vom Style der Olsen-Zwillinge kriege ich einfach nicht genug: bequemer Chic, aber betont und immer total angesagt. Mary-Kate und Ashley Olsen sind ein nie versiegender Quell der Inspiration. Große Designerhandtaschen, Slipper, Schals, auffälliger Schmuck und jede Menge Oversize-Klamotten. Damit lässt sich der typische Olsen-Look umreißen. In letzter Zeit sind sie von vielen wegen ihres (manchmal immer noch etwas schrillen) Styles kritisiert worden. Meine Meinung: Sie werden mit zunehmendem Alter immer besser.

Phoebe Philo

Phoebe Philo, Creative Director bei Céline, hat das gewisse Etwas. Die Königin des Minimalismus entwirft immer wieder neue, heiß begehrte Kollektionen. Ihre Céline-Kollektionen sind der Hit. Und auch ihr eigener Style lässt einen vor Neid erblassen: Oversize-(Leder) Hosen, Sneakers und dezentes Make-up. Gefällt mir!

Rachel Zoe

DIE Stylistin der Promis! Ich finde ihren Boho-Style zwar etwas übertrieben, trotzdem bewundere ich sie. Sie inspiriert mich tatsächlich immer wieder aufs Neue. Langes gewelltes blondes Haar, gebräunter Teint, viel Goldschmuck (vorzugsweise an jedem Handgelenk und Finger), High Heels (grundsätzlich!), Designerhandtasche, weite Jeans-Schlaghosen und Pelzjacke. Sehr stylish, wenn man mich fragt.

Giovanna Battaglia

Mit 28 beendete Giovanna Battaglia ihre Modelkarriere und wurde Herausgeberin der *L'uomo Vogue*. Ein echtes Vorbild und aktuell eine der gefragtesten Stylistinnen der Welt. Eine typische Italienerin mit Stil, Eleganz und Mut zu grellen Farben und ausgefallenen Schnitten. Zudem verfügt sie über den bestbestückten Schuhschrank der Welt.

Olivia Palermo

So würde man sich die junge Frau von nebenan wünschen. Immer picobello: glänzendes Haar, tolle Outfits – ich habe sie noch NIE in einem Outfit gesehen, das mir nicht gefallen hätte – und immer angesagte Handtaschen. Ich hätte kein Problem damit, mit ihr den Kleiderschrank samt Inhalt zu tauschen. Und fürs Auge hier auch noch ein Foto ihres äußerst attraktiven Partners … Mach ich doch gern!

Cara Delevingne

Dieses Topmodel sieht nicht nur auf dem Laufsteg, sondern auch sonst umwerfend aus. Ihr Rockerstyle wirkt herrlich unprätentiös: ein bisschen Leder und ein Hingucker-Accessoire (Beanie-Mütze) kombiniert mit einem Grunge-Mix aus Sportkleidung und Streetwear, dazu ihre atemberaubenden vollen Augenbrauen. WILL ICH AUCH HABEN!

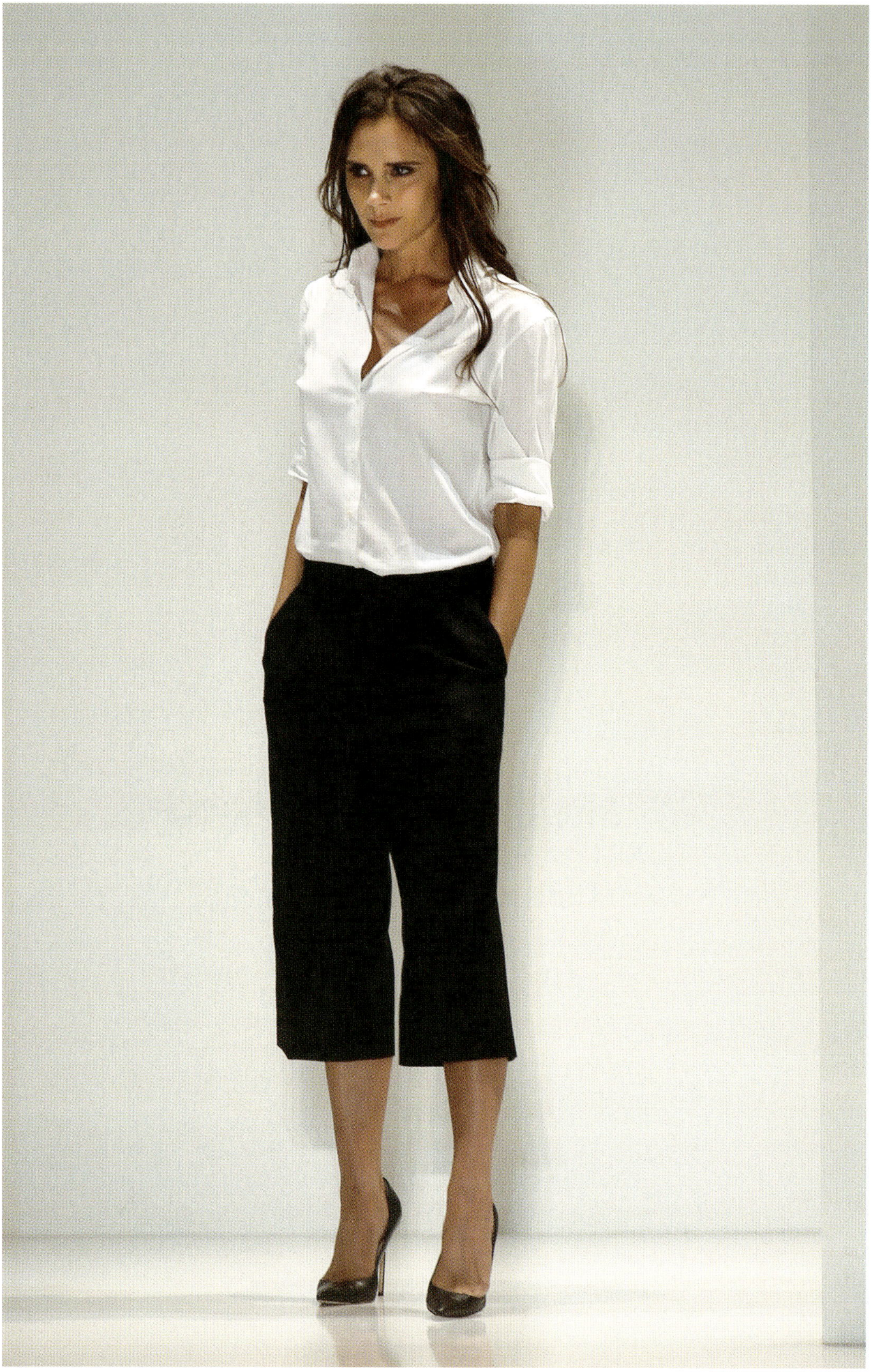

Victoria Beckham

Ich gebe zu, ich war früher einmal großer Spice-Girls-Fan. Schon deshalb hatte ich immer ein Faible für Victoria Beckham. Nach ihrer Karriere als Sängerin hat sie sich auch als Modedesignerin einen Namen gemacht. Seither bin ich auch ihr persönlicher Fan. Ihr Style ist nämlich durchaus inspirierend.

Miranda Kerr

Miranda Kerrs Outfits sind einfach und gut tragbar. Sie wirkt elegant, sportlich und auch ein bisschen sexy. Niemand hat so tolle Basics wie sie, und das ist keine Übertreibung. Worin liegt das Geheimnis ihres Styles? In wohldosierten Farbakzenten, zum Beispiel in Form einer auffälligen Handtasche oder bunten Printhose.

Miroslava Duma
Der Style dieser russischen Schönheit verdient Respekt und Bewunderung. Die Gründerin der Internetplattform *Buro 24/7* zählt zu den meistfotografierten Damen auf Fashion Weeks und darüber hinaus. Ihr Style ist ein Mix aus kühnen Farb- und Printkombinationen. Ihr Markenzeichen? Statement-Halsketten: je größer, desto besser.

(MEINE) STYLE-GEHEIMNISSE

Wie man auf den vorangehenden Seiten gesehen hat, haben meine Inspirationsquellen vieles gemeinsam. Es gibt acht Gründe, warum mich gerade ihr Style so begeistert:

1.
Im Zweifelsfall Schwarz!

2.
Natürlicher Look. Meine Vorbilder verstecken sich nie hinter dicken Make-up-Schichten. Frischer Teint (etwas Concealer ist erlaubt) und Mascara reichen. Roter Lippenstift ist natürlich immer eine gute Idee.

3.
Nie mehr als ein Accessoire, das aber gern auffällig.

4.
Ungekämmte Haare.

5.
Klasse statt Masse.

6.
Leder!

7.
Robuste Stiefel.

8.
Das Beste zum Schluss: Seine eigene Persönlichkeit zum Ausdruck bringen, ruhig auch mal gegen Regeln verstoßen!

Elena Perminova

Wenn man wissen möchte, was im Augenblick gerade angesagt ist, sollte man sich die russische Society-Lady Elena Perminova ansehen: Beine bis zum Hals und eine Garderobe, von der andere Frauen nur träumen können. Damit sorgt sie überall für Aufsehen. Immer einen Blick wert!

BLOGS & WEBSITES

Als Modebloggerin muss man die einschlägigen Websites kennen. Hier folgen die Websites, auf denen ich täglich vorbeischaue:

Modeblogs

Ich liebe **Modeblogger** mit glamourösem Lifestyle. Schließlich brauchen wir doch alle etwas zum Träumen. Meine Favoriten sind:

- Park & Cube
- Tuula Vintage
- Garance Doré
- Luxury Shoppers
- Gary Pepper Girl
- Susie Bubble

Streetstyle-Blogs

Gibt es etwas Schöneres, als im Straßencafé zu sitzen und Leute zu beobachten? Genau das übernehmen **Streetstyle-Blogs**, um dann die schönsten Outfits vorzustellen. Inspiration ohne Ende! Die bekanntesten sind:

- The Sartorialist
- Le 21ème
- Stockholm Streetstyle

I ♥ Scandinavia

Mir gefallen **schwedische Blogs**. Die Schwedinnen zeichnen sich nämlich durch ihren extrem minimalistischen und coolen Stil aus. Außerdem haben sie ein gutes Gespür für Basics und verstehen es, Trends zu setzen. Top.

- Elin Kling
- Columbine Smille
- Look de Pernille
- Emma Elwin

Weitere interessante Websites

Sehr lohnend ist auch **The Fashion Spot** mit dem von mir oft genutzten, sehr inspirierenden und horizonterweiternden Forum. Und dann ist da noch **Lookbook.nu**, eine meiner Lieblingsseiten, auf der Leute aus der ganzen Welt ihr aktuelles Outfit posten – immer wieder schön als Frühstückslektüre bei einer Tasse Tee. Wer weiß? Vielleicht macht dir das ja Lust auf deinen eigenen Blog.

»Mode ist nichts, was nur in der Welt der Kleidung existiert. Mode ist in der Luft, auf der Straße, Mode hat etwas mit Denkweisen zu tun, mit der Art, wie wir leben, mit dem, was passiert.«

Coco Chanel

KREIERE DEINEN EIGENEN STYLE
Mode ohne Inspiration geht nicht. Dieses Kapitel soll als Inspirationsquelle dienen, aber bitte die Vorbilder nicht einfach kopieren, sondern von ihnen lernen. Du kannst mit Eyeliner à la Brigitte Bardot experimentieren, ein paar Elemente aus dem Emmanuelle-Alt-Look herausgreifen, aber bleibe immer du selbst.
Alle hier vorgestellten Frauen haben ihren eigenen Style, und genau das macht sie zu Stilikonen. Greif dir davon das heraus, worin du dich wohlfühlst, setze auf die Farben, für die du Komplimente bekommst, betone deine Vorzüge, folge deinem Gefühl und kaufe nie ein Outfit nur auf den Rat einer Verkäuferin hin!

LITTLE
BLACK
BOOK

DAS BASICS-EINMALEINS

Zeitlose Stücke, die jede Frau haben muss.

SOFIE VALKIERS

Es gibt Klassiker, an der keine Fashionista vorbeikommt: zeitlose Kleidungsstücke, die man immer tragen kann. Sie sind die idealen Basics, um die herum sich jede Art von Outfit zusammenstellen lässt.

Das kleine Schwarze

DER Favorit von Millionen Frauen: das kleine Schwarze. Ein schwarzes Kleid eignet sich für fast jeden Anlass. Wenn man sich nicht sicher ist, welcher Style am besten zu einem passt, oder ein paar überschüssige Pfunde verstecken möchte ;), einfach ein schulterfreies Kleid wählen, denn erfreulicherweise zeigen sich diese Pfunde nie an den Schultern. So ein Kleid schmeichelt jeder Figur.

WEITERE TIPPS

- Farbakzente setzen: eine bunte Tasche oder eine auffällige Halskette.
- Rote Lippen passen ideal zum kleinen Schwarzen.
- Schuhfarben, die immer passen: Rot oder Nude-Töne. Natürlich gehen auch schwarze Schuhe. Farbige Accessoires nicht vergessen.
- Ich habe seit jeher eine Schwäche für ausgefallene Ohrringe. Mein absoluter Favorit: Türkisohrringe zum kleinen Schwarzen. Die trug auch meine Mutter immer zu ihrem. Sehr stylish und nicht so Mainstream.
- Für den androgynen Look empfehle ich die Anzugjacke zum kleinen Schwarzen. Das Haar zu einem strengen Pferdeschwanz binden, dazu Ballerinas – fertig.
- Für tagsüber: Das kleine Schwarze mit Ballerinas, großer Handtasche und großer Sonnenbrille kombinieren. Wow!

Marineshirt

Ein gestreiftes Marineshirt passt zu allem (sogar zu Leo-Print!). Ein Klassiker, den man das ganze Jahr tragen kann, und genau das, was ich vor meinem geistigen Auge sehe, wenn ich an Pariser Chic denke. Der ultimative Klassiker sind dunkelblaue Streifen auf weißem Grund.

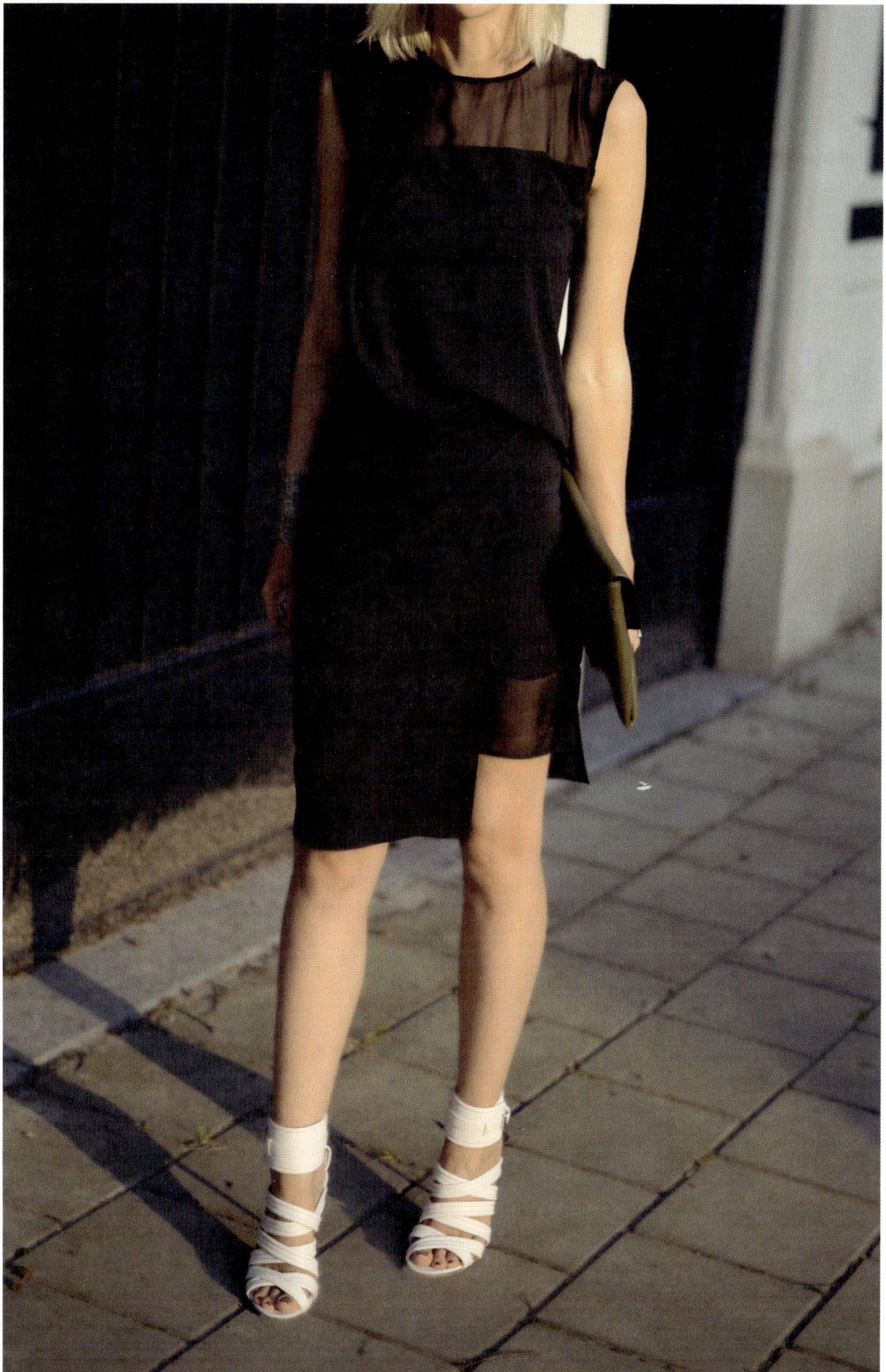

WEITERE TIPPS

- Für Mutige und Trendsetter: Marineshirt mit Printmotiven (Blumen, Animal-Print etc.) kombinieren.
- Farben gut aufeinander abstimmen.
- Marineshirt zum paillettenbesetzten oder glänzenden Bleistiftrock tragen: die perfekte Kombi!
- Lederhose, spitze Stiefel und eine große Handtasche machen sich hervorragend zu so einem Oberteil: extrem chic!
- Lust auf lässig und bequem? Dann mit Boyfriend-Jeans und Militaryjacke kombinieren.
- À la Kate Moss: mit Skinny Jeans und (Kunst)Pelzjacke.
- Pariser Chic: beigefarbener Trenchcoat, roter Lippenstift und Animal-Print-Ballerinas.
- Der coole Look: mit verblichenen, zerrissenen Jeans, Beanie-Mütze und Oxfords.

Ein Hauch von Wildnis

Für viele zählt Animal-Print nicht zu den Klassikern. Ich bin da anderer Meinung. Man kann gar nicht genug Animal-Print-Accessoires im Schrank haben. Animal-Print verleiht dem Outfit einen ganz eigenen Charme. Aber Vorsicht: Zwei Regeln sind unbedingt zu beachten:

1. Nicht übertreiben! Gürtel oder Handtasche in Animal-Print. Das genügt vollkommen. Das kleine Schwarze sieht sofort nach mehr aus.
2. Animal-Print kann billig wirken (sprich vulgär). Daher unbedingt auf hochwertige, gut sitzende Kleidung und edle Accessoires achten.

WEITERE TIPPS

- Coole Animal-Print-Pumps oder -Ballerinas passen eigentlich zu fast jedem Style.
- Rot und Leo-Print – eine zeitlose Kombi!

- Neue Wege beschreiten. Animal-Print in Blautönen kann einen ungeahnten Effekt bewirken.
- Weniger ist mehr. Schließlich will man nicht billig wirken.
- Nie mehr als ein Kleidungsstück oder Accessoire in Leo-Print.

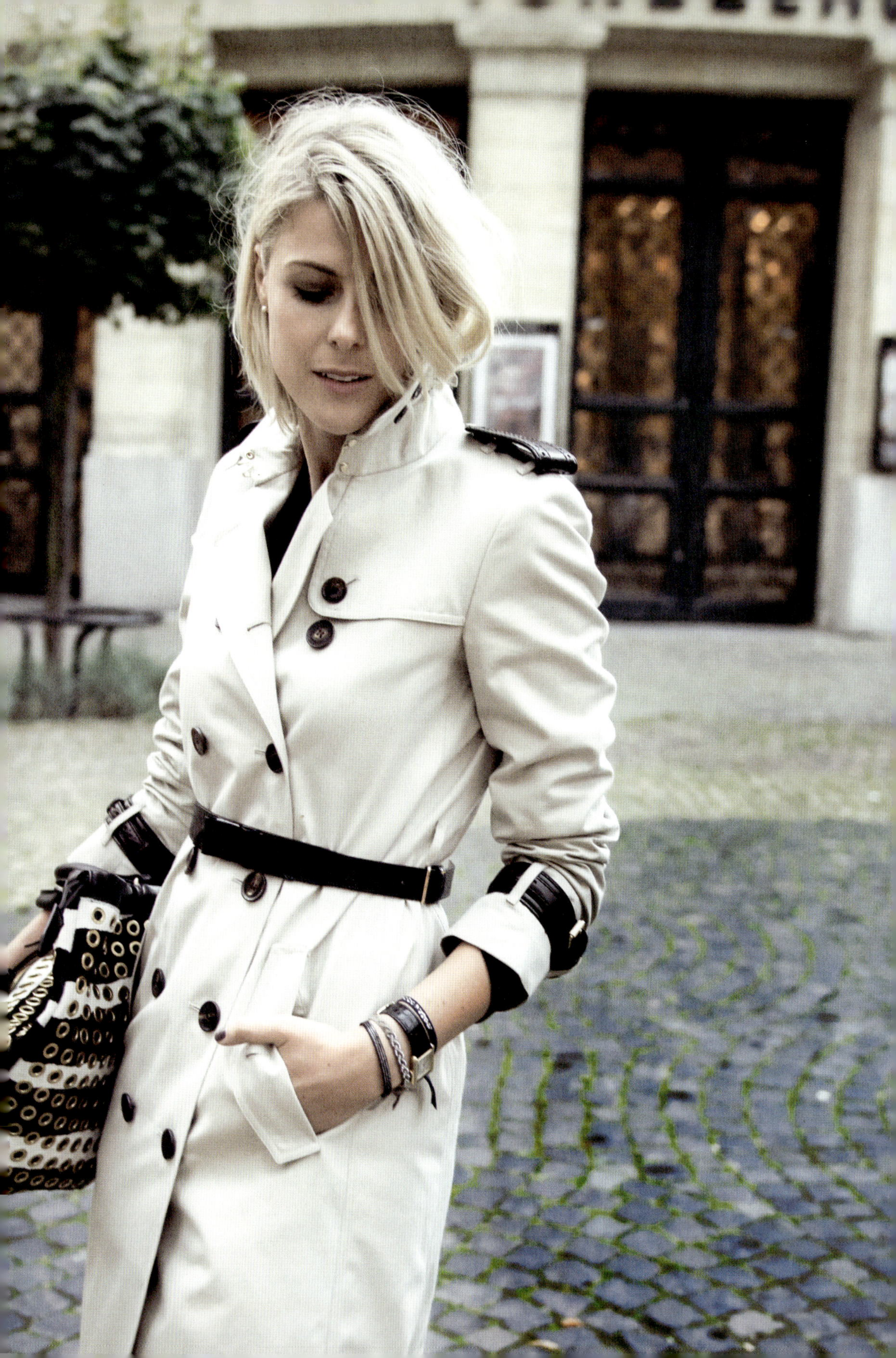

Beigefarbener Trenchcoat – ein Klassiker

Als Teenager habe ich mir von meinem Ersparten einen echten Burberry-Trenchcoat gegönnt. Bereut habe ich es nie. Tagsüber kombiniere ich ihn mit Jeans und flachen Schuhen, abends trage ich ihn zu High Heels über dem kleinen Schwarzen. Eine wirklich lohnende Investition.

WEITERE TIPPS

- Leder und Trenchcoat – eine göttliche Kombination!
- Kennst du den klassischen New Yorker Upper-East-Side-Look? Eng gegürteter Mantel, riesige Sonnenbrille und dazu die aktuelle It-Bag.
- Mir gefallen auch ärmellose Trenchcoats, die moderne Spielart des Klassikers. Das Gute ist, dass man darunter sehr gut eine Lederjacke tragen kann. Das rockt sofort!
- Mehr Farbe gefällig? Dann zu Khaki greifen: cool und ausgefallen.
- Natürlich gibt es auch Oversize-Trenchcoats. Bei der XXL-Variante die Ärmel bis zu den Ellenbogen hochkrempeln. Ein ganz eigener Look.
- Die Femme fatale trägt Ledertrenchcoat. Wer kann da widerstehen?
- Liebst du es eher lässig und bequem? Dann empfiehlt sich ein farbiger Trenchcoat. Mit Rot oder Grün kann man nichts falsch machen. Dazu weite knöchellange Hosen und flache Lacklederslipper.
- Man kann den Trenchcoat auch eng gegürtet als Kleid tragen. Das geht aber nur bei sehr weichen, dünnen Stoffen.
- Den Trenchcoat lässig um die Schultern hängen, und schon sieht man aus wie eine der wichtigen Frauen auf der Pariser Fashion Week.
- Den Trenchcoat mit allen möglichen Accessoires und Stoffen kombinieren. Seide oder Pailletten verleihen ihm einen Hauch Glamour.

tipp

Jede Saison ein angesagtes Kleidungsstück kaufen und in neuen Schmuck investieren. Ideal, um auf Partys die Blicke auf sich zu ziehen, aber auch im Alltag kann man mit einem mutig-originellen Look punkten.

Schwarzer Blazer

Wie oft hat mich mein schwarzer Blazer in Situationen dresstechnischer Ratlosigkeit gerettet! Ja, auch ich weiß manchmal nicht, was ich anziehen soll.

WEITERE TIPPS

- Ein Blazer signalisiert Klasse – als Kombi mit zerrissenen Jeans, aber lässigem Chic.
- Ausnahmsweise mal das kleine Schwarze im Schrank lassen und stattdessen ein weißes Kleid unter dem Blazer tragen – was für ein Effekt!
- Alternative zum schwarzen Blazer gesucht? Bring Farbe ins Spiel. Warum nicht ein Blazer in Pink oder in Animal-Print?
- Wer wirklich Mut hat, trägt … **nichts** unter dem zugeknöpften Blazer. Allerdings sollte dieser nicht zu tief ausgeschnitten sein.
- Kombiniert mit weiten Hosen und Stilettos echt stark!

Dunkelblaue Jeans

Mein Kleiderschrank ist voller Jeans, denn Jeans sind meine Favoriten. Das Wichtigste bei Jeans ist, dass sie gut sitzen. Kein Witz! Sie müssen zur Figur passen, ihr schmeicheln. Sie müssen wie auf den Leib geschneidert aussehen. Dann kann man nichts mehr falsch machen.

WEITERE TIPPS

- Ein echtes Muss sind Stonewashed-Jeans, dunkelblaue Raw-Denim-Jeans sowie graue, weiße und schwarze Jeans.
- Für den coolen Effekt: Straight-Leg-Jeans bis zum Knöchel hochkrempeln, dazu Schuhe mit hohen Absätzen.

- »Double Denim Trick«: Jeanshemd zur Jeans. Einfach Klasse!
- Skinny Jeans + Overknees + Jacke + großer Schal – einer meiner Lieblingslooks.
- Pariser Chic: weiße Jeans mit dunkelblauem Pullover. Oui, oui, ouuuuuui ...
- Zu grauen Jeans passen sehr gut gestreifte Marineshirts und Stiefeletten. Der typische Sienna-Miller-Look.

Lederjacke

Ohne meine Lederjacke könnte ich nicht leben. Haben wir nicht alle unsere Rockermomente im Leben? Keine Kompromisse machen! Nichts geht über Echtleder. Außerdem hält so etwas jahrelang (wenn nicht ein Leben lang).

WEITERE TIPPS
- Wer modern sein will, trägt die Lederjacke über dem kleinen Schwarzen.
- Lederjacke auf keinen Fall mit nietenbesetzten Stiefeln kombinieren. Eindeutig zu viel des Guten. Geht gar nicht.
- Wenn das Girlie-Outfit zu brav ist, Lederjacke!
- Im Zweifelsfall immer die größere Größe wählen. Ist einfach rockiger als eng anliegende Lederjacken.
- Sommeroutfit: Lederjacke + Jeansshorts + weißes T-Shirt + Sneakers. Schön auch zum Maxirock oder zum langen Kleid.
- Gewebemix ist Trumpf: Leder mit Spitze kombinieren. Der Hit!
- Und noch eine Superkombi: ungekämmtes Haar und Diamanten.
- Das ideale Accessoire zur steifen Lederjacke? Ein kuschelig weicher Kaschmirschal.

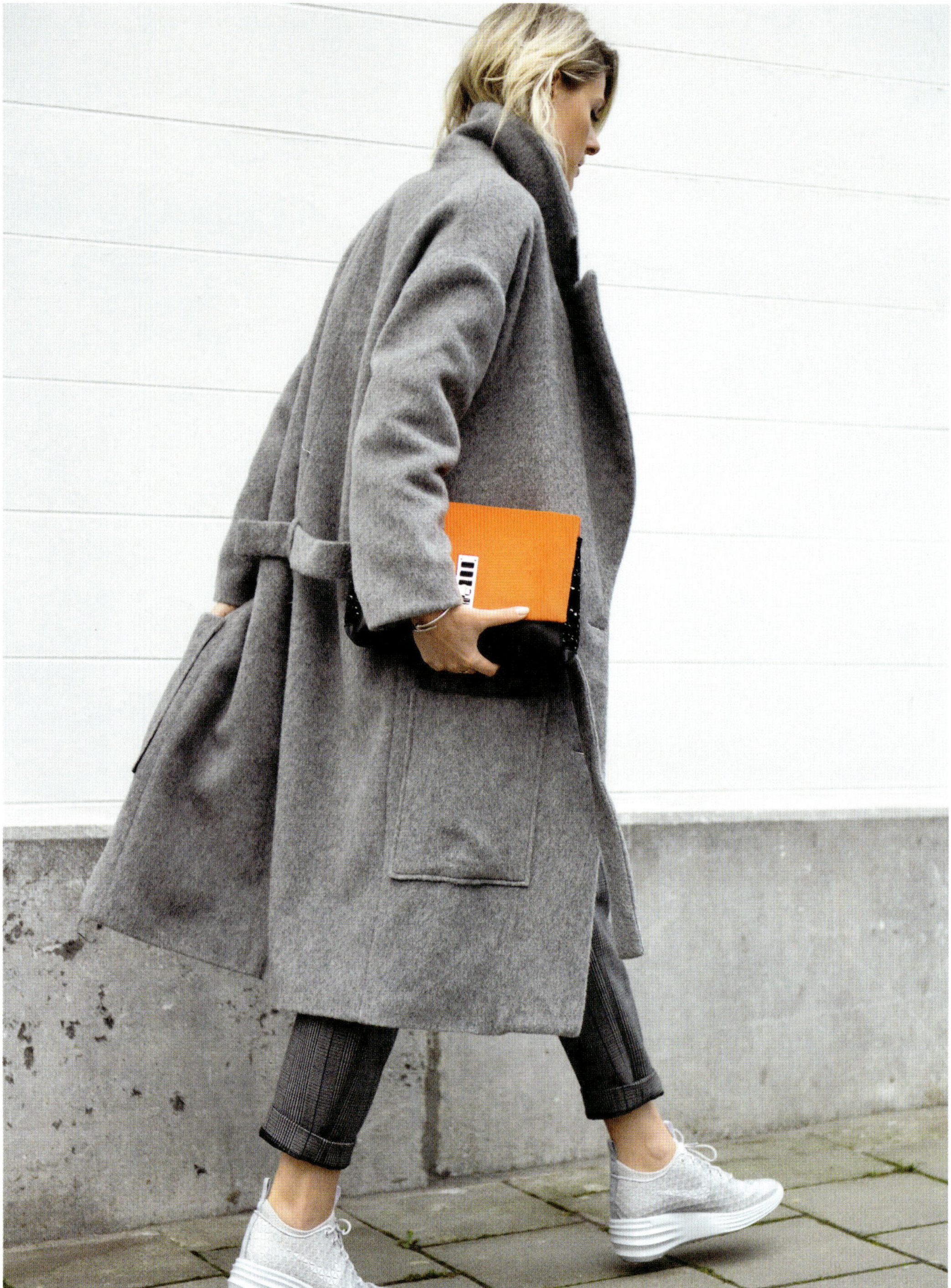

DAS BASICS-EINMALEINS 61

STYLETIPPS FÜR DEN ALLTAG

- Jeden Tag gut aussehen ist viel wichtiger als jeden Tag anders aussehen. Keine Zeit, über das Outfit nachzudenken? Weißes T-Shirt, schwarze Hose, roter Lippenstift und fertig.

- Grundsätzlich immer das auswählen, was einem steht und passt, und nicht das, was gerade *in* ist.

- Entweder Beine oder Dekolleté. Nie beides zusammen.

- Wenn man glaubt, zu alt für etwas zu sein, ist man es wohl auch. (Sorry!)

- Überrasche dich und deine Freunde. Du stehst eigentlich auf Girlie-Look? Wie wäre es dann mit Lederhose und Stiefeln? Anfangs hat man vielleicht Angst, angestarrt zu werden, aber dann will man das Neue nicht mehr missen.

- Du bist der Boss. Lächeln! Du kannst stolz auf dich und deinen Look sein. Jeder wird dir Komplimente machen. Ein Outfit ist immer nur so schön wie die Frau, die es trägt. Fühle dich wohl in deiner Haut und strahle das auch aus.

- Wer sagt denn, dass Pailletten nur abends gehen? So ein Unsinn! Glitzer geht auch tagsüber. Ist viel cooler. Dazu ein kuscheliger Kaschmirpullover.

- Einfach kaufen! Jede Frau kommt auch gut ohne den »Rat« einer neidischen Freundin zurecht.

- Lasse dich nicht von einem kleinen Geldbeutel entmutigen. Lebe dein Leben. Alles ist möglich, alles ist erlaubt (ok, fast alles). Man kann auch mit wenig Geld etwas aus sich machen. Sei kreativ!

- Bei der Zusammenstellung des Outfits immer das große Ganze im Auge behalten. Welche Frisur passt zu diesem Look? Welches Make-up?

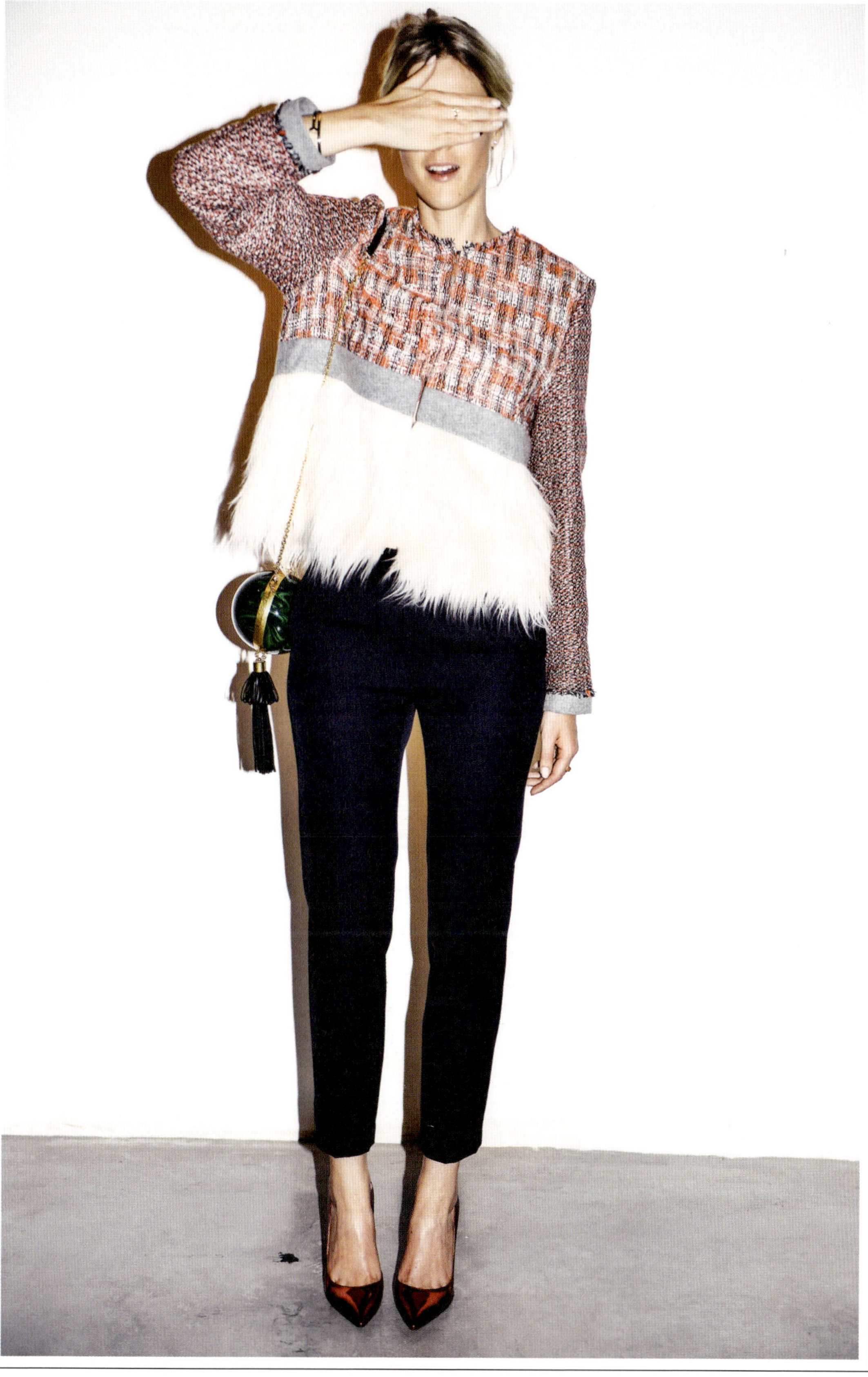

61 DAS BASICS-EINMALEINS

ACCESSOIRES SIND TRUMPF

Accessoires sind meiner Meinung nach das Wichtigste am Outfit. Manchmal weiß ich schon beim Aufwachen, nach welchen Schuhen und welcher Handtasche mir der Sinn steht. Der Rest kommt dann ganz von allein.

Schmuck

- Jede Frau braucht funkelnde Momente! **Diamantenohrschmuck** muss heutzutage nicht mehr teuer sein. Mittlerweile findet man ja auch sehr hübsche und erschwingliche Alternativen, die (fast) genauso wirken wie echte Diamanten.
- Perlenohrschmuck eignet sich für jeden Anlass. **Perlen** verleihen jedem Outfit etwas Exklusives.
- Investiere in eine **klassische Uhr**, eine, die nie aus der Mode kommt und zu jedem Stil passt. Du liebäugelst mit einer Zweituhr? Dann gönne dir doch eine große Herrenuhr. Die passt hervorragend zu »Freundschaftsarmbändern«. Beide Varianten sind für mich ein Muss.
- Auffällige **Ringe und Halsketten** werten jedes Outfit auf. Sie müssen ja nicht unbedingt teuer sein. Schönen Modeschmuck bekommt man am besten auf Vintage-Märkten.
- **Kurze, elegante Halskette**, am besten mit ideellem Wert und vorzugsweise dezent, sodass sie auch im Alltag getragen und mit anderen Ketten kombiniert werden kann.
- Ein **edler Ring** könnte natürlich schon ein Loch in deinen Geldbeutel reißen. Also sparen (oder den Lover zahlen lassen!). Ich liebe zeitlose Ringe, und so ein richtig gutes Stück hat man ja auch ein Leben lang. Am besten am Ringfinger der rechten Hand tragen. Die linke Hand kann man in der Regel Ringen ohne Accessoire-Charakter wie dem Ehering vorbehalten.
- Eine **hübsche Halskette mit Anhänger** (aus Silber oder Gold) verleiht deinem Look eine persönliche Note.

tipp

Kombiniere Gelbgold mit Silber und Roségold. Einfarbig ist hoffnungslos out ...

tipp

Kleidung, Schmuck, Handtaschen ... mit Freundinnen teilen!

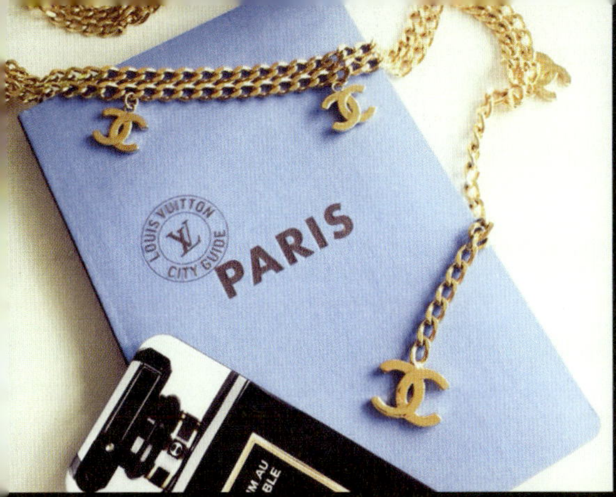
LOUIS VUITTON
CITY GUIDE
PARIS

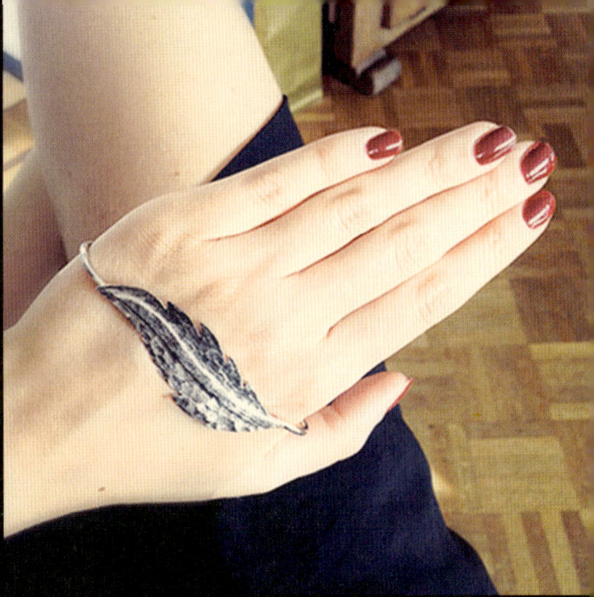

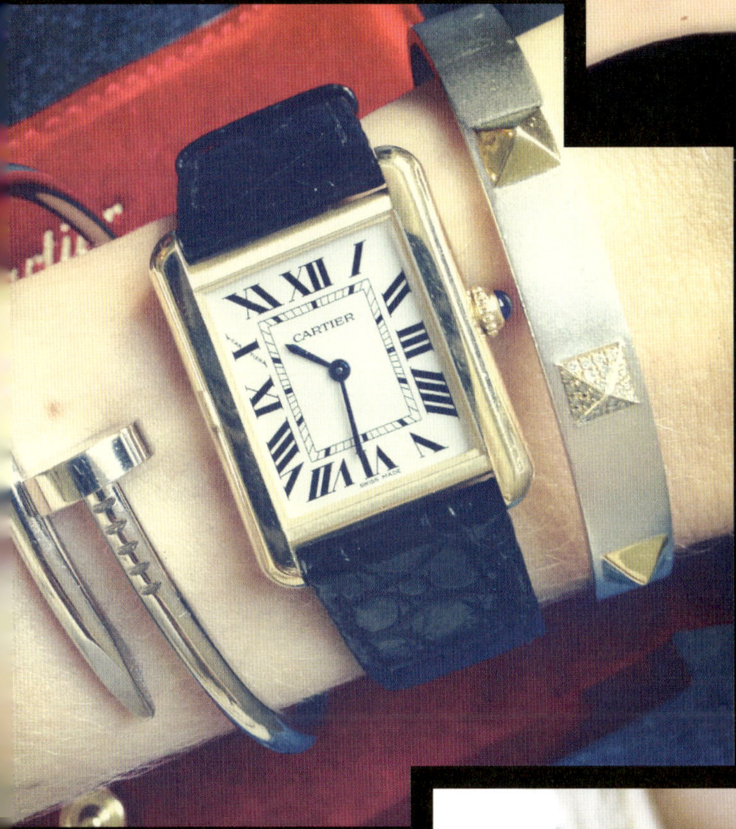
CARTIER

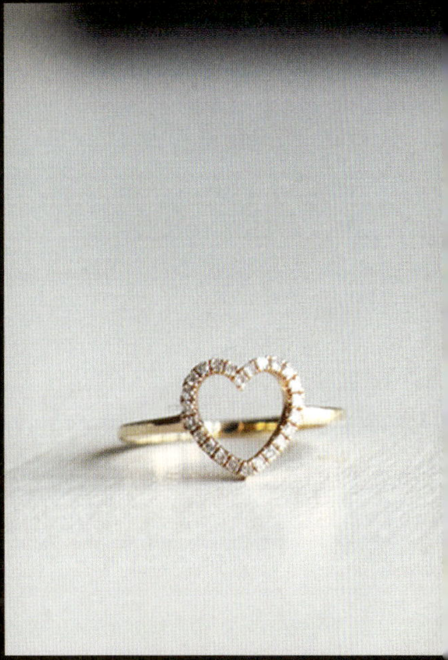

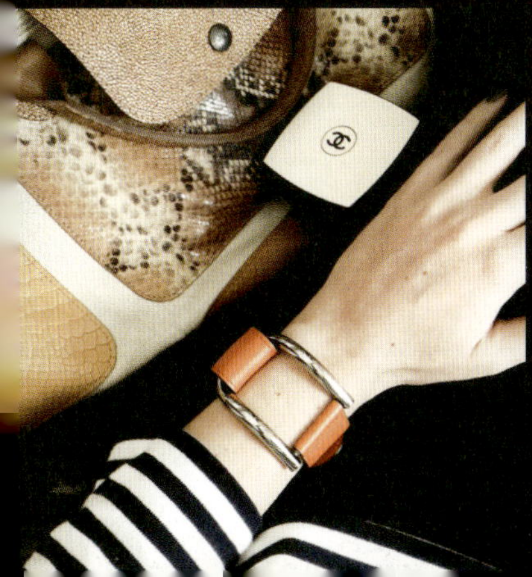

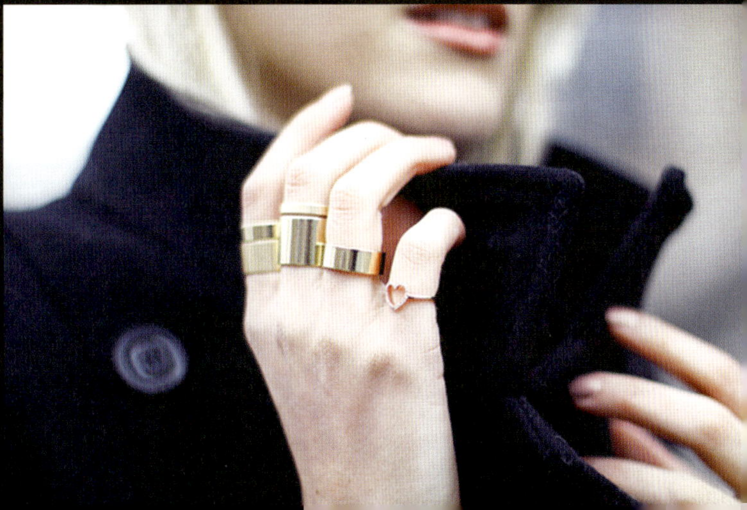

Handtaschen

DIE TASCHE FÜR DEN ALLTAG
In einer Handtasche ist alles drin, was man als Frau tagsüber so braucht. Sie muss zu jedem Anlass passen. Daher sollte sie klassisch, neutral und stylish sein, auf gar keinen Fall schrill oder aufdringlich. Praktisch ist eine mit vielen Seiten- und Innentaschen.

DIE CLUTCH FÜR DEN ABEND
Abends darf die Handtasche gern Blickfang sein. Zum Date oder zur Abendgala empfiehlt sich eine extravagante Tasche in auffälliger Farbe (vielleicht Silber oder Gold). Damit bekommt das kleine Schwarze oder das dunkelblaue Jeans-Outfit sofort mehr Glamour.

DIE TASCHE FÜRS WOCHENENDE
Eine Last-Minute-Reise mit Freundinnen? Nicht ohne eine hübsche Reisetasche, gerade groß genug für zwei Übernachtungen oder einen Tag Shoppen.

DIE KLASSISCHE SCHWARZE HANDTASCHE
Sie geht von der Mutter auf die Tochter über. Die Suche nach der perfekten schwarzen Handtasche kann lange dauern, wenn man jedoch fündig geworden ist, hat man etwas fürs Leben.

DIE KLEINE UMHÄNGETASCHE
Ob tagsüber oder abends, im Supermarkt oder auf einer Party, diese Tasche geht immer. Problemlos kombinierbar, nicht zu alltäglich, aber auch nicht zu auffällig. Die ideale Tasche für jede Frau.

DIE DESIGNERTASCHE
Last but not least: die Tasche, auf die keine modebewusste Frau verzichten kann. Natürlich sind Designertaschen nicht billig. Daher darauf achten, dass die Tasche nicht in der nächsten Saison schon wieder *out* ist. Was ist zu beachten? Qualität und klassische Form.

tipp

Vintage-Geschäfte sind eine gute Alternative beim Handtaschenkauf. Oft bekommt man dort Unikate zu einem guten Preis.

tipp

Immer Sonnenbrillen mit gutem UV-Schutz wählen und einen großen Bogen um Billigmodelle machen. Die Augen sind kostbar. Hier sollte man nicht sparen.

....

Sonnenbrille

DIE RAY-BAN AVIATOR
Fast alle Hollywoodstars tragen sie in ihrer Freizeit. Mehr brauche ich dazu nicht zu sagen.

ELEGANTE SONNENBRILLE À LA AUDREY HEPBURN
Wird nie aus der Mode kommen. Garantiert nicht!

DIE RAY-BAN WAYFARER
Die berühmteste Sonnenbrille aller Zeiten. Sie steht fast jedem. Damit kann man einfach nichts falsch machen.

ÜBERDIMENSIONIERTE SONNENBRILLE
Willst du Tränensäcke oder geschlossene Augen verbergen oder unerkannt bleiben? Eine riesige Sonnenbrille macht's möglich. Je größer, desto besser!

STATEMENT-SONNENBRILLE
Heute gibt es Sonnenbrillen in den verrücktesten Farben und Mustern. Die beste Art, sein Outfit etwas aufzulockern.

NICHT ZUR NACHAHMUNG EMPFOHLEN

DIE 10 GRÖSSTEN MODESÜNDEN
(in willkürlicher Reihenfolge)

1.
Enges Oberteil zu hautengen Hosen.
Immer ein weit geschnittenes Oberteil zu engen Hosen oder Röcken
tragen (oder umgekehrt). Auf Ausgewogenheit achten.

2.
Designerkleidung von Kopf bis Fuß ist passé.
Setze eigene Akzente. Kombiniere edle Designerkleidung
mit Vintage-Mode oder Konfektionskleidung.

3.
Socken in Sandalen. Darauf reagiere ich allergisch.

4.
Plateauschuhe. Noch schlimmer: Plateauschuhe für Männer.
Das verzeiht man bestenfalls David Bowie.

5.
Haremshosen: Diese Mode habe ich nie verstanden. Darin sieht man aus,
als trage man eine riesige Windel. Grotesk, selbst an Topmodels.

6.
Bauchtaschen – diese fürchterlichen Dinger mit Reißverschluss,
die man vor dem Bauch trägt. Nein, nein und nochmals nein.

7.
Eng anliegende Leo-Print-Kleider. Ich liebe Leo-Print, und dennoch habe
ich bisher noch keine Frau gesehen, die darin gut ausgesehen hätte.

8.
Schuhe passend zur Handtasche. »Stylish« heißt für mich,
dass der Look nicht zu gewollt wirken darf. Das Ganze muss lässig
und unverkrampft wirken.

9.
Strumpfhosen in zehenfreien Pumps. Bitte nicht!

10.
Perlenketten am Abend. Perlen sind etwas für tagsüber,
zum sportlichen Look. Passt viel besser.

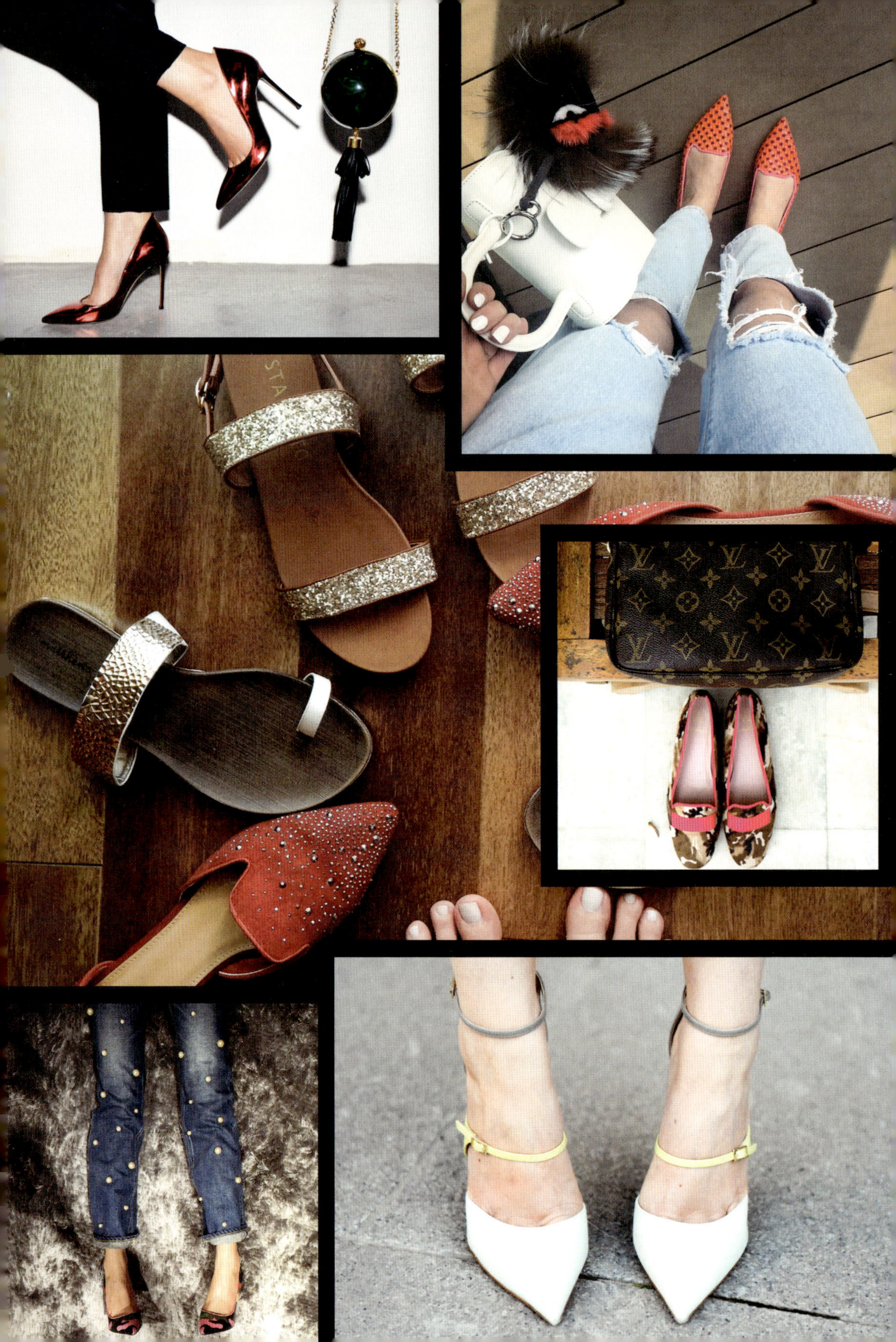

Schuhe

Investitionen in Schuhe lohnen sich, denn sie sind ein wichtiger Teil des Outfits. Es macht nichts, wenn die Kleidung nicht vom Feinsten ist, solange die Schuhe stimmen. Ich persönlich würde lieber barfuß gehen als in billigen Schuhen.

- Hübsche **Ballerinas** sind immer gut: ein Paar in klassischem Schwarz, eines in einem Nude Ton und eines gemustert. Damit ist man für jede Stimmung und jedes Outfit gerüstet.
- **Kniehohe Stiefel** lassen dich auch im Winter stylish aussehen. Bequem, warm und voll im Trend. Kaufempfehlung!
- **Schwarze Pumps** brauchen möglichst hohe Absätze (so hoch, wie es eben noch schmerzfrei geht ;). Sonst kommt man rüber wie eine Grundschullehrerin.
- **Nude-Pumps** verlängern die Beine optisch und wirken streckend.
- **Abendsandaletten** oder **Ausgehpumps** geben Gelegenheit, seine Persönlichkeit zu zeigen. Ob fröhlich gemustert oder hübsch verziert, hier ist alles erlaubt.
- **Stiefeletten** sind im Herbst oder Winter super: feminin, elegant und schön warm. Absolut zu empfehlen!

tipp

Du magst keine Ballerinas? Probiere Slipper. Die sind nicht ganz so bieder!!

LITTLE
BLACK
BOOK

LOOKS

Zufriedene Frauen, die sich in ihrer Haut wohlfühlen, strahlen. Und genau das finden Männer unwiderstehlich!

SOFIE VALKIERS

*Was ich am spannendsten an Mode finde?
Dass ich zu jedem Anlass etwas anderes tragen kann.
Ob Shoppingnachmittag mit Freundinnen, Hochzeit,
Arbeitstag, gemütlicher Sofaabend oder romantisches
Liebeswochenende ... zu jedem Anlass ein anderes Outfit.
Hier die verschiedenen Looks.*

DER ROTE-TEPPICH-LOOK

*Auch wenn man keinen sechsstelligen Betrag auf dem Konto hat, kann man wie ein Star aussehen. Die richtige Kleidung macht's möglich. Hübsch und stylish muss sie sein (das kleine Schwarze geht natürlich auch!). Und dann noch darauf achten, dass man von den Paparazzi gesehen wird. Das sind die zwei Grundregeln, gegen die man nicht verstoßen sollte. Dürfte eigentlich nicht schwer sein, dennoch gibt es ein paar Figuren in Hollywood, die sich nicht daran halten (keine Namen ;)).
1. Hochgeschlitzt › weniger Dekolleté.
2. Tiefer Rückenausschnitt › weniger Dekolleté.*

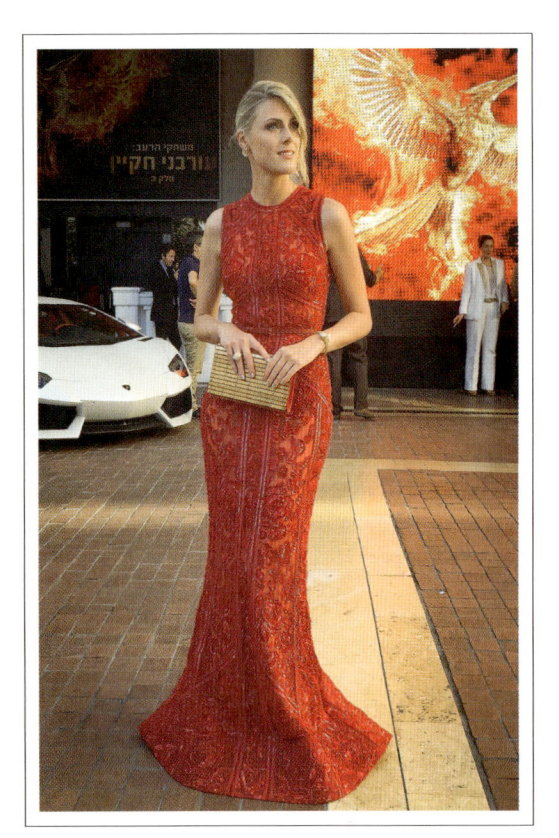

Und:
* Nicht Gott, sondern die Kamera sieht alles. Der BH zeichnet sich ab oder der wenig formschöne Slip unter dem Designerkleid! Nicht damit gerechnet? Nahtlose Unterwäsche, sage ich nur.
* Nirgendwo gilt Murphys Gesetz so wie auf dem roten Teppich. Vorbereitet sein ist alles, denn genau dann, wenn nichts schiefgehen soll ... du weißt schon. Hier hilft das Erste-Hilfe-Kit für den roten Teppich.

**ERSTE-HILFE-KIT
FÜR DEN
ROTEN TEPPICH**

» doppelseitiges Klebeband
» Nadel & Faden
» Heftpflaster
» Pfefferminzdragees
(auf den Partys laufen viele
tolle Typen herum!)
» Binde oder Tampon

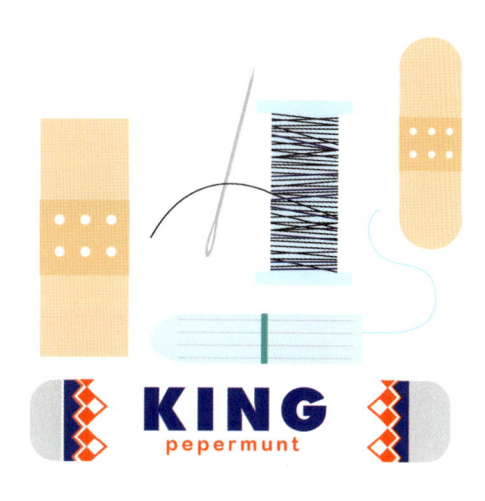

Wie setzt man sich auf dem roten Teppich richtig in Szene?

- Eine kleine Abendtasche (Clutch) gehört zum roten Teppich wie Yin zu Yang. Große Handtaschen unbedingt zu Hause lassen.
- Rote Lippen oder Smokey Eyes. Mit beidem zusammen sieht man aus wie ein Zombie. Nicht übertreiben. Klassisch und zeitlos muss es sein. Hier ein paar Schminktipps:
  - Lipgloss macht sich auf Fotos immer gut.
  - Zarter Schimmer auf den Wangenknochen ist ein Muss! Ein Tipp von führenden Make-up-Artists: Für makellose Haut einen Tropfen Arganöl unter die Grundierung mischen.
- Schuhe! Darüber könnte ich stundenlang reden. Nur ein Tipp: High Heels, so hoch, dass man gerade noch darauf laufen kann (natürlich nicht so hoch, dass man auf dem roten Teppich dann in Zeitlupe stolpert!).
- Schimmernde Feuchtigkeitscreme auf Beine, Dekolleté und Arme auftragen. Das lässt die Haut strahlend und gesund aussehen.
- Richtig lächeln, nicht zu viel Zähne zeigen, nicht zu breit lächeln und vor allem nicht laut oder schallend lachen (absolutes No-Go). Mit den Augen flirten.
- Sich auf ein Statement-Accessoire beschränken. Halskette, Ohrringe und Ringe? Zu viel des Guten. Zum Ohrschmuck passt ein Armband, zur Halskette ein Ring.

- Natürlich möchte man nicht auf der *Worst-Dressed*-Liste stehen. Zieh dein Outfit ein paar Tage vorher probehalber an. Mache Fotos aus allen Blickwinkeln und begutachte das Ergebnis. Wenn du unzufrieden bist, unbedingt ein anderes Outfit wählen.
- Entspanne dich! Vor dem Event unbedingt die ganze Nacht durchschlafen (oder zumindest acht Stunden). Gönne dir eine wohltuende Massage. Du weißt schon …
- Selbstbräuner? Wer möchte schon wie ein Zebra aussehen? Also Hände weg, es sei denn, du bekommst einen Termin bei Fiona Locke, der Expertin für dunklen Teint Marke St. Tropez. Ihr Terminkalender ist allerdings voll und das aus gutem Grund.
- Möchtest du glänzendes Haar (wie die Promis)? Haarspray mit feinem Glitzerpuder mischen und dann ab vor die Kamera!
- Viele Stars haben eine Haarmähne, bei der Marge Simpson vor Neid erblassen würde. Alles nur schöner Schein: Das Volumen geht zur Hälfte auf das Konto von Extensions.

DER FREIZEITLOOK

Ein Tag frei? Kein Grund, in den schäbigsten Klamotten abzuhängen! Auch in der Freizeit kann man mit wenig Aufwand gut aussehen. Gute Basics sind bequem UND stylish. Skandinavische Frauen verstehen sich darauf besonders gut. Gute Verarbeitung, kuschelige Materialien und neutrale Farben sind das A und O des schicken Freizeitlooks.

Was ich in meiner Freizeit trage:
- Schwarze Stretchjeans
- Kaschmirpullover (vorzugsweise dunkelblau, grau oder schwarz)
- Ballerinas
- Warmer Schal (im Winter)

Manchmal trage ich auch ein bequemes T-Shirt unter einer Strickjacke. Mein Make-up ist minimalistisch: etwas Lipbalm und Mascara. Mein Haar binde ich locker zusammen. Wenn ich aus dem Haus gehe, kommt noch eine große Sonnenbrille hinzu. Fertig!

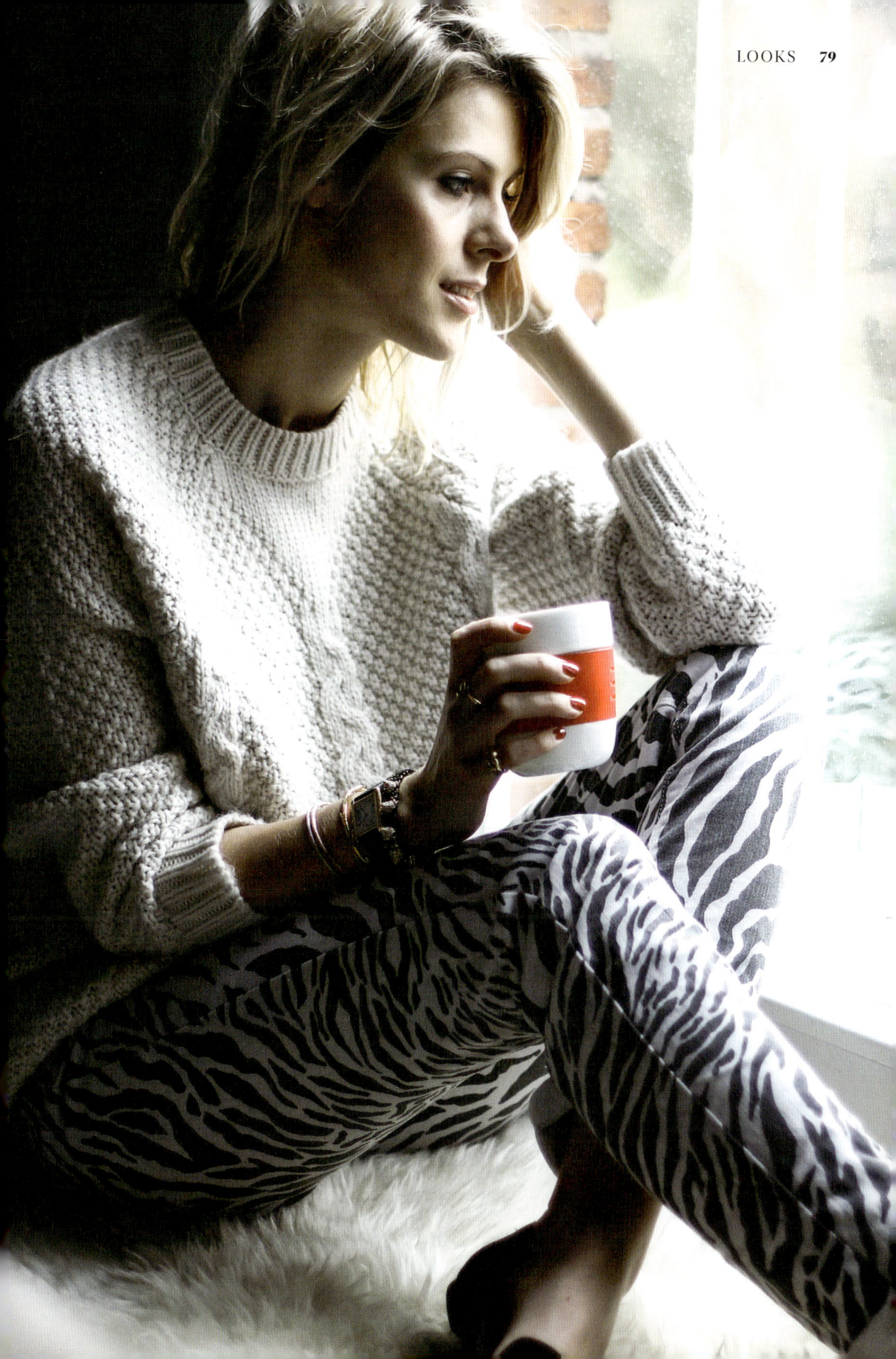

DER BABYBAUCHLOOK

Schwanger: Dann zeig deinen Bauch! Hier ein paar Tipps, die dich selbst in dieser wunderbaren Zeit fantastisch aussehen lassen, auch wenn du dich vielleicht nicht immer so fühlst:

- Den Bauch nicht verstecken, sondern betonen. Zeige deine Kugel unter einem eng anliegenden Stretchkleid.
- Im Internet findet man tolle Umstandsmode (Stichwort: »Maternity«) und noch dazu zu erschwinglichen Preisen!
- Geschwollene Füße, Walfischsilhouette, verrückt spielende Hormone ... in der Schwangerschaft steht einem der Sinn nicht nach sexy Looks. Dabei ist das die beste Zeit, etwas Bein zu zeigen und vor allem sein Dekolleté in Szene zu setzen (wenn nicht jetzt, wann dann?). Wirf dich in Schale, und schon wirst du dich sehr viel attraktiver fühlen.
- Wickelkleider: Etwas Besseres gibt es nicht für Schwangere! Würde Diane von Fürstenberg Umstandsmode entwerfen, könnte ich sofort mit der Familienplanung beginnen ;-).
- Trage bequeme Kleidung.
  - Spiele mit Accessoires.
  - Manche Schwangere stehen zu ihrem Bauch, andere würden dagegen ihre zusätzlichen Pfunde lieber verstecken. Zählst du zu Letzteren? Dann meide auffällige Muster und grelle Farben. Schwarz ist immer am vorteilhaftesten. Das Gleiche gilt für riesige Handtaschen.
  - Hast du Lust auf High Heels, aber Angst, sie unterwegs wegen geschwollener Füße/schmerzender Zehen/brennender Fersen/Blasen an den Füßen (Nichtzutreffendes bitte streichen) ausziehen zu müssen? Dann trage Sledge Pumps. Stilettos sind keine Option, außer man heißt Rachel Zoe (sie trug wohl sogar im Kreißsaal noch High Heels!). Die Alternative: Ballerinas oder Slipper.
  - Maxikleider: im Sommer unverzichtbar, extrem schick und gleichzeitig sehr bequem.
  - Kimonojacken sind ideal: stylish, bequem und auch nach der Schwangerschaft noch tragbar. Dein Geldbeutel wird sich freuen.
  - Auf hochwertige Materialien achten. In der Schwangerschaft steigt die Körpertemperatur. Daher keine synthetischen Stoffe oder Wollstoffe tragen. Hülle dich in Kaschmir oder Baumwolle.

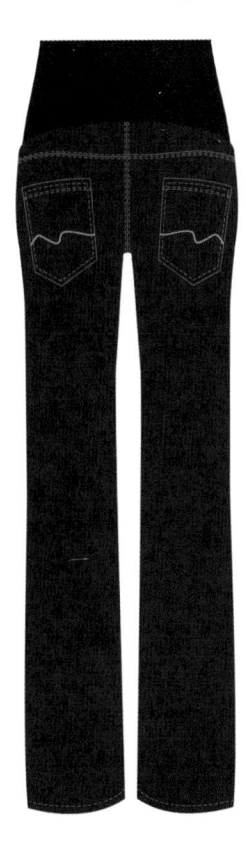

- Leggings, Jeans mit Stretchbund (die besten Marken für Umstandsjeans sind *7 for All Mankind* und *J Brand*), lange Tunikas, weit geschnittene Jacken etc. sind ein Muss für modebewusste Schwangere.
- Du gehst aus? Ein Kleid in A-Linie geht immer. Wer ein langes Kleid tragen möchte, wirkt schulter- oder halsfrei besonders unwiderstehlich. (Aber auch hier die goldene Regel im Auge behalten: Weniger ist mehr.)
- Der Babybauchlook für die Freizeit: Leggings, weites T-Shirt, dazu eine schöne Jacke, große Sonnenbrille, ein buntes Tuch und eine hübsche Handtasche.

BEIM DATE

Der erste Eindruck ist entscheidend. Natürlich sollte man bei einem Date unbedingt gut aussehen, allerdings darf der potenzielle Zukünftige nicht meinen, man habe sich extra aufgetakelt bis zum Gehtnichtmehr. Wäre wohl kontraproduktiv :-).

Deshalb:

- Hebe dich ab! Wähle ein schlichtes Kleid in einer dir schmeichelnden Farbe. Als **Lady in Red** ziehst du garantiert alle Blicke auf dich, nicht nur die deines Datepartners.
- **Vorzüge betonen**. Hast du schöne lange Beine? Setze sie mit einem Minikleid in Szene. Ein Dekolleté, von dem andere nur träumen können? Punkte mit einem ausgeschnittenen Kleid. Aber zeige nicht zu viel! Du und dein Outfit sollten beim ersten Date genügend Raum für Phantasie lassen. Wer zu viel zeigt, wirkt billig und (zu) leicht zu haben.

- Auf ein **stimmiges Gesamtbild** achten: Würdest du ein Sterne-Restaurant in Wanderschuhen betreten und mit Stilettos in den Wald gehen? Sicher nicht.
- Zum Überraschungsdate **erprobte Kleidung** tragen: zum Beispiel die Lieblings-(Skinny-)Jeans mit Oberteil, Lederjacke oder Blazer. Setze mit schönem Schmuck oder Schuhen Akzente. So bist du sowohl fürs Picknick als auch für den Cocktail in der Szenebar bestens gerüstet.
- Dezentes **Parfum** – nicht zu aufdringlich! Und für alle Fälle ein Deostift in der Handtasche, denn Dating bedeutet Stress ;-).

Finger weg:

- Egal, wie *in* Sweatpants sein mögen, zum Date darin aufzukreuzen ist ein absolutes No-Go!!
- Nervös und daher versucht, deine Aufregung hinter Make-up, Rouge und Smokey Eyes zu verstecken? Keine gute Idee, denn Männer mögen den frischen natürlichen Look. Also nur ein bisschen getönte Tagescreme, etwas Mascara und Lipgloss. Mehr nicht.
- Vielleicht liebäugelst du mit den schwindelerregend hohen High Heels, sexy, aber extrem unbequem. Vergiss es. Es ist nicht besonders sexy, wenn man neben seinem Datepartner nicht sicher geradeaus gehen kann. Sollte es zu einem zweiten Treffen kommen, ist immer noch Gelegenheit, die Stilettos aus dem Schrank zu holen ;-).
- T-Shirts mit aufgedruckten Sprüchen gehen gar nicht.
- Glitzern wie eine Discokugel? Keine gute Idee.
- Ohne BH zum Date erscheinen? Den meisten Männern dürfte das nichts ausmachen, eine echte Fashionata sollte aber lieber gut sitzende, dezente Dessous tragen.
- Rollkragenpullover? Abtörnend.

- Männern sind Marken egal; versuche daher nicht gewaltsam, deine Chanel-Tasche, deine Prada-Sonnenbrille oder deine sündhaft teuren Designerschuhe in sein Blickfeld zu rücken.
- Männer und Trends sind zwei verschiedene Welten. Wie soll ich es erklären? Sie verstehen das einfach nicht. Obwohl die Modezeitschriften voll von Baggy Lederpants und Sneakers sind, muss dein Date die nicht unbedingt kennen, geschweige denn sexy finden. Mode vertreibt viele Männer. Das ist leider so ;-).
- Nicht zu viel Schmuck anlegen.

tipp

Bleib dir beim Date treu – trage, was dir gefällt. Zufriedene Frauen, die sich in ihrer Haut wohlfühlen, strahlen. Und genau das macht sie für Männer unwiderstehlich!

HOCHZEITEN

Hochzeitsfeiern ... für mich einer der schönsten Momente im Leben: ein sich liebendes Paar, gute Laune allenthalben und Party die ganze Nacht.

Ich liebe es, mich für eine Hochzeitsfeier aufzustylen, für mich selbst, aber auch für das Brautpaar. Meistens entscheide ich mich für einen urban-kosmopolitischen Look: fröhliches Kleid, High Heels, bunte Clutch und ein auffälliges Schmuckstück. Die Party kann beginnen!

Do's
- Langes Abendkleid, Cocktailkleid oder eleganter Hosenanzug (schwarz oder nachtblau).
- High Heels, auf denen man bis zum Morgen tanzen kann.
- Clutch mit Kette zum Über-die-Schulter-Hängen, sodass man die Hände frei hat für ein Gläschen Prickelndes.

✱ Ein bisschen Glitzer: Setze funkelnde Akzente, ohne die Braut überstrahlen zu wollen (zum Beispiel mit Diamantschmuck).

Don'ts

✱ Weißes Kleid. Ich mag altmodisch sein, aber auf Hochzeiten erscheint man NIE in Weiß, es sei denn, man ist die Braut.
✱ Jeans. Nicht zu lässig gekleidet zu einer Hochzeit gehen. Ein festlicher Anlass verlangt festliche Kleidung!
✱ Sich von Kopf bis Fuß in Schwarz hüllen (es sei denn, der Ex heiratet und man möchte auf diese Weise seine Trauer kundtun ...).
✱ Zu viel Haut zeigen. Gehört sich einfach nicht.

STILVOLL REISEN

Ich verreise für mein Leben gern: neue Länder entdecken, pulsierende Metropolen ... Der einzige Nachteil ist der Flug. Schrecklich. Das stundenlange Warten am Flughafen ist auch nicht mein Ding. Ich vertreibe mir die Zeit dann so gut es geht mit meiner Lieblingsmusik, anregender Lektüre und jeder Menge Filmen auf meinem Tablet.

Sehr viel spaßiger finde ich dagegen das Zusammenstellen meiner Reisegarderobe. Ein gutes Outfit für unterwegs muss stylish, bequem und unempfindlich sein. Ein Flughafen ist kein Laufsteg. Man muss aber auch nicht so aussehen, als käme man gerade aus dem Fitnessstudio. Schließlich weiß man nie, neben wem man im Flugzeug sitzen wird.

Mein Reiseoutfit:

- Oversize-(Kunst-)Pelzjacke – ideal für Flugreisen, knittert nicht und fühlt sich an wie eine warme Kuscheldecke.
- Nicht zu viel Schmuck. Den muss man bei der Sicherheitskontrolle sowieso abnehmen.
- Strümpfe nicht vergessen! Nichts ist schlimmer, als die Sicherheitskontrolle barfuß passieren zu müssen.
- Kaschmirpullover: der beste Schutz vor zu kalt eingestellter Klimaanlage im Flugzeug.
- Stiefeletten oder andere bequeme Stiefel. Auf Flugreisen trage ich NIEMALS High Heels.
- Auf kurzen Flügen trage ich immer bequeme Jeans. Auf Langstreckenflügen sind mir weiche Seidenhosen lieber, die man kaum spürt.
- Große Sonnenbrille, hinter der man müde Augen verstecken kann.
- XL-Schal, als Decke oder Kissen.
- Große Handtasche, in die viel hineinpasst, die sich aber auch bequem tragen lässt.
- Zwiebelprinzip! Soll heißen, leicht ausziehbare Pullover oder Jacken.

Der Jetset-Look für die Reise

- Ein echter Jetsetter reist nie ohne Louis-Vuitton-(*Monogram*)-Reisetasche.
- Accessoires personalisieren. Wie wäre es mit deinen Initialen auf dem Rollkoffer?
- Trage deinen XXS-Hund in einer edlen Gucci-Handtasche.
- Ein Muss für Promis: Rodial-Pflegetücher. Scarlett Johansson und Rachel Bilson gehen nie ohne diese Wundertücher an Bord eines Flugzeugs.
- Und noch ein Muss: das *Spa Facial Set* von Lisa Hoffman. Damit hast du beim Aussteigen aus dem Flugzeug eine Haut wie Sienna Miller oder Naomi Campbell.

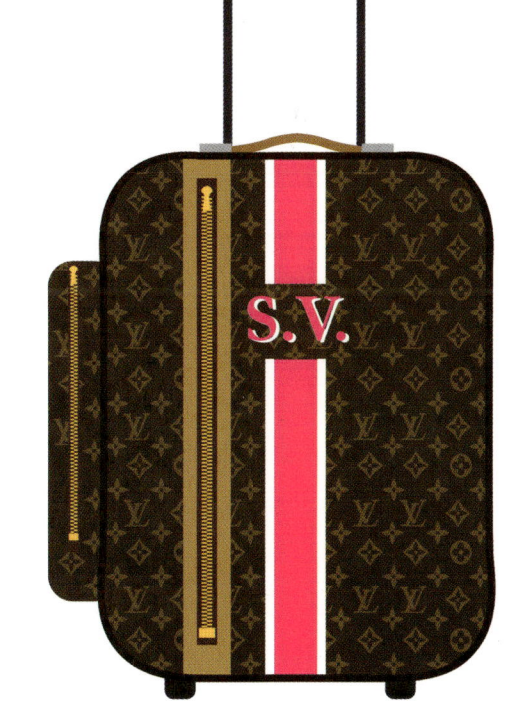

- Das Geheimnis von Blake Livelys frisch glänzendem Haar? Pronto-Trockenshampoo von Oscar Blandi. Vor der Landung einmal kurz übersprühen ... wow!

Schönheitstipps für unterwegs

- Trinke viel Wasser, literweise, denn die Luft im Flugzeug trocknet die Haut aus.
- Kaufe deine Lieblingsfeuchtigkeitscreme und Gesichtsseife in Reisegrößen. In meinem Bad steht immer eine Schminktasche mit meinen Lieblingsprodukten in kleinen Größen, entweder in Reisegröße gekauft oder selbst umgefüllt.
- Langstreckenflüge sind die ideale Gelegenheit, eine Feuchtigkeitsmaske aufzutragen. Ignoriere einfach die irritierten Blicke der anderen ... So eine Maske kannst du gleich mit deinem Schönheitsschlaf verbinden.
- Ich habe im Flugzeug immer ein Nackenkissen dabei. Nichts ist unangenehmer als ein steifer Nacken und steife Schultern.
- Wenn du einen leichten Schlaf hast, nimm im Handgepäck eine seidene Schlafmaske mit. Das nenne ich Schlafen mit Stil und klarer Botschaft: »Bitte nicht stören.«
- Ein Gesichtsspray ist die beste Erfrischung, falls es im Flugzeug mal zu heiß sein sollte. Und ohne Handcreme kann ich auch nicht leben.
- Wenn du auf einer Flugreise trockene Augen bekommst, Augentropfen in der Handtasche mitnehmen.

CHECKLISTE!

- Duschgel und Körperlotion
- Shampoo und Conditioner
- Deodorant
- Haarbürste
- Rasierer/Rasierschaum
- Make-up (Grundierung, Rouge, Mascara, Lidschatten, Lippenstift, Lipgloss, Eyeliner) und Make-up-Entferner
- Zahnbürste und Zahnpasta
- Medikamente/Schmerztabletten
- Nagelknipser und Nagelfeile
- Nagellack und Nagellackentferner
- Binden/Tampons
- Kondome/Pille
- Parfum
- Hosen/Shorts
- Hemden & T-Shirts
- Kleider und Röcke
- Jacken
- Dessous
- Strümpfe
- Schuhe (bequeme Schuhe für tagsüber und High Heels für abends)
- Pantys (dunkel)
- Schirm
- Schlafanzug
- iPod & Handy + Ladegerät
- Fön/Haarstyler
- Kamera
- Flugticket
- Ausweis und/oder Reisepass
- Kreditkarte
- Brieftasche
- Kaugummi
- Bücher
- Sprachführer

FÜR EIN WOCHENENDE AM MEER

- Sonnenbrille
- Kamera
- gutes Buch
- Bikini
- Kimono
- Flipflops
- Sonnencreme
- Lipbalm mit LSF
- Aloe Vera (als Après-Lotion)

LITTLE
BLACK
BOOK

GLAMOUR

Jeden Tag auf dem roten Teppich stehen

SOFIE VALKIERS

Im vorangegangenen Kapitel haben wir den Look für den roten Teppich kennengelernt und gesehen, wie man zum hellen Stern am Modefirmament wird. Aber warum sollte man sich nicht jeden Tag wie für den roten Teppich stylen? Man muss ja nicht gleich zur Galagarderobe greifen. Im Gegenteil: Das schönste Glamourgefühl stellt sich doch im bequemen Chic ein.

DAS LEBEN – EIN ROTER TEPPICH

Man kommt an einem regnerischen Herbsttag völlig durchnässt heim, die Einkaufstasche reißt mitten auf einer belebten Straße, Ärger im Job – das Leben hat nicht nur Glamourseiten (meines jedenfalls nicht!).

Aber wer sagt denn, dass man nicht mit einem Cocktailring in den Supermarkt gehen kann? Oder im funkelnden Paillettenpullover zum Mittagessen? Ich mache das ab und zu – die beste Art, einem trüben Tag etwas mehr Glanz zu verleihen. Jeder Tag ist ein Grund, sich hübsch anzuziehen. Und wenn es keinen Grund gibt, erfinde einfach einen.

Ein bisschen Glamour macht glücklich

Mache eine Liste der täglich verwendeten Dinge – Dessous, Smartphone, Hände etc. – und peppe sie mit einem Hauch Glamour auf: eine schöne Hülle für das Smartphone, hübsche Dessous oder ein extravaganter Nagellack.

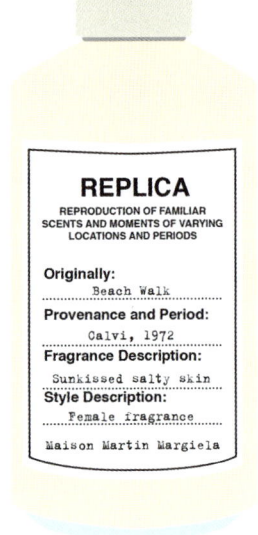

24 GLAMOURTIPPS
SO WIRD JEDER TAG ZU ETWAS BESONDEREM

EIN TIPP FÜR JEDE STUNDE DES TAGES

1.

Jeden Morgen gönne ich mir ein bisschen von meinem Lieblingsparfum. Ich bevorzuge tagsüber einen leichten, frischen Duft. Für den Abend wähle ich dann etwas Schwereres, Verführerischeres. Mehrmals in die Luft sprühen und durch die Duftwolke hindurchgehen. So machen es die Supermodels. Sofortiger Glamoureffekt garantiert.

2.

Glamour entsteht nicht zwangsläufig durch eine dicke Schicht Make-up. Ein frischer, klarer Teint sieht mindestens genauso strahlend aus. Betone deine Vorzüge: Schöne Lippen und Zähne setzt man am besten mit kräftig rotem Lippenstift in Szene. Schöne Augen wirken noch schöner mit etwas Eyeliner und Mascara. Wirst du um deine Wangenknochen beneidet? Dann wird etwas Highlighter noch mehr Menschen neidisch machen.

3.

Kleidung, die wie angegossen sitzt. Das ist Glamour! Bringe alle änderungsbedürftigen Kleidungsstücke zur Näherin. Du wirst sehen, wie ein perfekt sitzender Damensmoking dein Selbstbewusstsein hebt.

4.

Lese Bücher. Sie erweitern den Horizont, lassen den Alltag vergessen, und im günstigsten Fall lernt man dabei. Lesen hat deutlich mehr Stil, als mit der Fernbedienung in der Hand auf dem Sofa abzuhängen.

5.

Ein heißer Tee oder ein köstlich duftender Kaffee. Beginnst du jeden Tag mit einer Tasse Tee oder Kaffee? Dann kaufe dir ein paar hübsche Tassen und gönne dir die besten Kaffeesorten oder (Grün)Tees. Besser kann man nicht in den Tag starten.

6.

Haar locker hochbinden, ein Gläschen Prickelndes oder Wein, entspannende Musik und ab in die Badewanne … himmlisch!

7.

Superflauschige Handtücher. Muss ich noch mehr sagen?

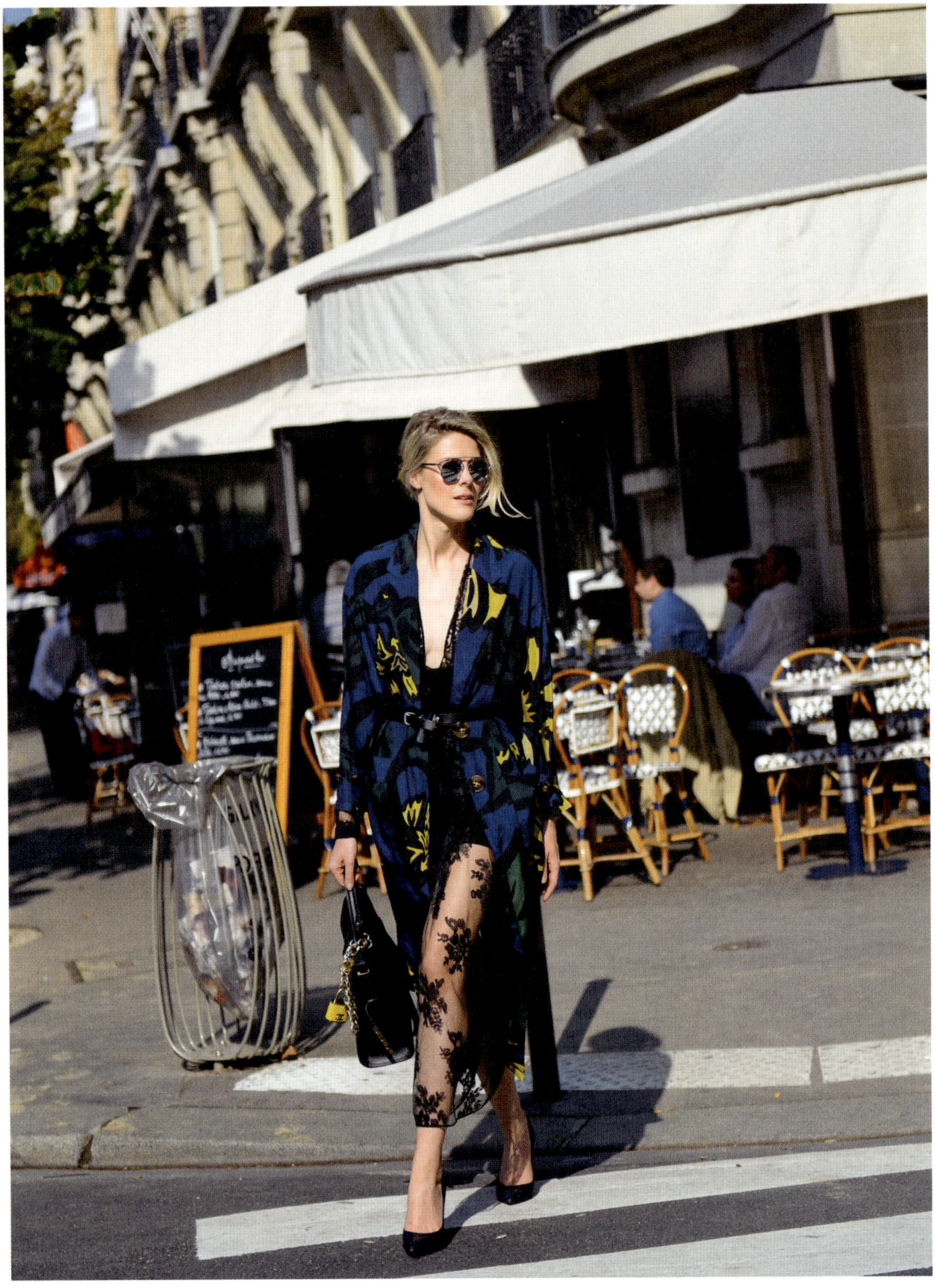

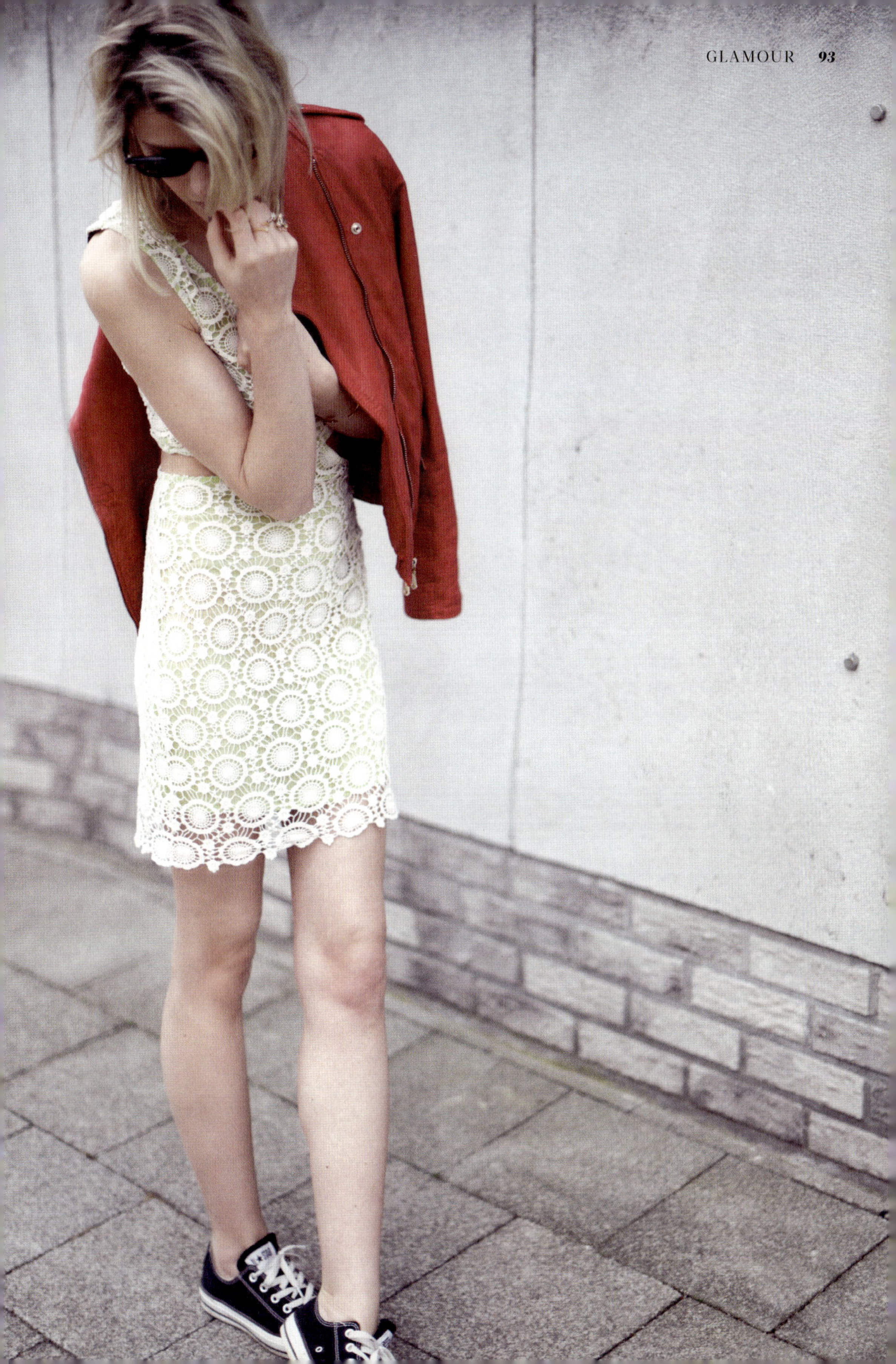

8.
Nichts macht mich glücklicher als duftendes Haar. Deshalb gönne ich mir ab und zu einen Flakon Haarparfum meiner Lieblingsmarke. Das verwende ich quasi täglich und fühle mich dann jedes Mal, wenn mir beim Gehen der Duft in die Nase weht, ungemein weiblich.

9.
Du findest es schick, zu spät zu kommen? Verschwitzt und außer Atem (viel) zu spät zu einem Treffen erscheinen ist alles andere als schick. Daher immer rechtzeitig aus dem Haus gehen.

10.
Nicht tratschen. Es gibt Wichtigeres im Leben! Seine Zeit sollte man konstruktiv nutzen.

11.
Schöne, hochwertige Materialien machen einen Großteil des Glamoureffekts aus. Gute Stoffe sitzen viel besser und behalten auch Form und Farbe viel länger. Meine Favoriten sind Kaschmir und Seide. Luxus pur.

12.
Kerzen sind der beste Freund der Frau! OK, eigentlich Diamanten, aber Kerzen kommen gleich an zweiter Stelle. Für ein romantisches Abendessen mit deinem Liebsten oder einen gemütlichen Abend zu Hause sind Kerzen ein Muss. Kerzenlicht macht einen wunderschönen Teint. Meine Lieblingskerzen sind die von *Diptyque*. Nicht billig, aber wenn sie heruntergebrannt sind, kann ich die Gläser für meine Make-up-Pinsel verwenden.

13.
Die Hände sind rund um die Uhr im Einsatz (besonders, wenn man lange am Rechner sitzt wie ich), und viele Männer achten zuerst auf die Hände. Deswegen regelmäßig zur Maniküre und Pediküre gehen oder selbst Hand anlegen. Zeitlose Farben – Dunkelrot, Nude-Töne oder Schwarz – wirken immer elegant.

14.
Gib gegenüber Bekannten oder Unbekannten nicht zu viel von dir preis. Man möchte sich doch ein kleines Mysterium bewahren. Das macht interessant!

15.
Auf die Körperhaltung achten: Schultern gerade, Kopf hoch, selbstsicherer Gang.

16.
Rosen oder Pfingstrosen (meine Lieblingsblumen) überall im Haus verteilen kann wahre Wunder wirken. Wie wäre es mit einem Strauß auf dem Nachttisch? Glamouralarm!

17.
Für mich ist der wichtigste Raum das Schlafzimmer.
Das muss immer sauber und aufgeräumt sein.

18.
Für sechs Monate nach Paris gehen. Das ist Glamour! Und wer weiß?
Vielleicht findest du dort die große Liebe …

19.
Roter Lippenstift. Chanel ist seit jeher die absolute
Nummer 1 auf meiner Liste.

20.
Die *Vogue* lesen.

21.
Entferne alles »Niedliche« aus deinem Kleiderschrank.
Eine Frau mit Glamour macht nicht auf süßes Girlie.

22.
Buche einen Trip in eine der Modemetropolen – New York oder Mailand –
und gehe shoppen, shoppen und noch mal shoppen.

23.
Suche dir ein unterhaltsames Hobby: lerne eine Fremdsprache
(Italienisch ist immer gut!), treibe Sport oder entdecke
die Künstlerin in dir.

24.
Kaufe dir eine große Schachtel Macarons und iss alle auf einmal.
Oder lieber doch nicht!

LITTLE
BLACK
BOOK

LOOKBOOK = GUTER LOOK!

Durchforste deinen Kleiderschrank!

SOFIE VALKIERS

Dein Kleiderschrank quillt über, du findest aber trotzdem nichts zum Anziehen? Lege doch ein Lookbook an wie die großen Modedesigner – die beste Art, deine Kleiderkollektion zu präsentieren, und zwar dir selbst.

Am Anfang wirkt es etwas seltsam, von seiner eigenen Garderobe ein Lookbook anzulegen, aber es gibt keine bessere Form der Bestandsaufnahme. Lookbook = **Zeitersparnis** und besserer **Überblick**. Außerdem zeigt ein Lookbook sehr deutlich, welche Kleidungsstücke noch fehlen (willkommener Shoppingvorwand!) und welche Teile am besten zusammenpassen. Kein ratloses Herumsuchen mehr. Einfach nur das Lookbook durchblättern, und schon ist die Inspiration da. Ob im Ringordner oder in digitaler Version auf dem Tablet. Du bestimmst, wie dein Lookbook aussehen soll.

Wie gehe ich persönlich an die Sache heran? **Mit meinem Blog**. Wenn ich morgens nicht weiß, was ich anziehen soll (ja, das passiert), scrolle ich beim Frühstück durch meinen Blog. Nach zwei Minuten habe ich dann meist ein kleines, aber erfreuliches Aha-Erlebnis.

Ein Lookbook besitzt also nur Vorteile. Nein, ehrlich gesagt, es gibt da auch einen Nachteil. Es braucht sehr viel Zeit, zumindest am Anfang. Denke einfach immer daran, dass man eines Tages sehr froh über die anfangs investierte Zeit sein wird.

Ich spüre förmlich, wie es dich jetzt drängt, aufzuspringen und sofort mit dem Lookbook zu beginnen. Ich kenne das Gefühl. Bevor du loslegst, lies aber bitte zuerst meinen Leitfaden.

SCHRITT 1
ZEIT FÜR EINE INVENTUR!
Erst mal einen Überblick gewinnen. Mache ein Foto von jedem Kleidungsstück und jedem Accessoire. Erfasse alles akribisch und ordne deine Garderobe nach Kategorien.

SCHRITT 2
KATEGORIEN, STRUKTUR, ORGANISATION
Sortiere deine Kleidung nach Anlass: Arbeit, Date, Party, Urlaub etc. Praktisch ist auch eine Untergliederung nach Jahreszeiten (Frühjahr/Sommer/Herbst/Winter).

SCHRITT 3
ZUEINANDER PASSENDES ZUSAMMENSTELLEN
Welche Hose passt zu welchem Oberteil? Welche Jacke zu welcher Hose? Welche Schuhe zu welchem Kleid? Alle Kombinationen schriftlich festhalten.

SCHRITT 4
TRENNE DICH VON ÜBERFLÜSSIGEM
Wenn du schon deinen Kleiderschrank durchforstest, bitte andere um Rat. Nimm dir dazu deine modischsten Freundinnen oder Freunde und stelle ihnen zwei Fragen:
- Ist das noch *in*?
- Habe ich das irgendwann in den letzten sechs Monaten getragen?

Wenn du mindestens ein »Nein« hörst, solltest (musst) du dich von dem fraglichen Kleidungsstück trennen. *Schluss, finito, over & out.*
Ja, das kann ein bisschen wehtun, aber bedenke, dass es viel leichter ist, ein Outfit mit wenigen, dafür aber den richtigen Kleidungsstücken zusammenzustellen als mit einem Haufen falscher.

SCHRITT 5
ERST NACHDENKEN
Bevor du jetzt gleich mit deiner Kreditkarte in die Geschäfte rennst, denke nach. Ladys, hier ist wirklich Vernunft gefragt!
- Welche meiner Accessoires würden dazu passen?
- Kann ich das mit mehreren Teilen kombinieren?
- Ist das ein Klassiker, den ich immer tragen kann?

Das Tablet zum Shoppen mitnehmen hat den großen Vorteil, dass du mit deinem digitalen Lookbook in der Hand alle diese Fragen im Nu beantworten kannst.

SCHRITT 6
FOTOS MACHEN

Hast du deinen Kleiderschrank vollständig durchforstet? Die Kleidungsstücke sortiert und ausrangiert? Gratulation! Nun kannst du zum angenehmen Teil übergehen und Fotos machen. Mache von jedem hübschen Outfit ein Foto. Wenn deine Kamera keinen Selbstauslöser hat, bitte eine Freundin, deine Mutter, Schwester oder – warum nicht? – deine Nachbarin. Sortiere die Fotos nach Kategorien wie in Schritt 2.

SCHRITT 7
DAS GROSSE GANZE IM AUGEN BEHALTEN

Kleidung ist nicht alles. Make-up und Frisur runden das Outfit ab. Notiere, welche Frisur und welches Make-up zu welchem Outfit passen (super, künftig wirst du morgens länger schlafen können).

SCHRITT 8
ÜBERRASCHE DICH SELBST

Beschreite neue Wege und habe Mut zu neuen Kombinationen. Gefällt dir ein neuer Look? Sofort notieren.

SCHRITT 9
SHOPPING MIT LOOKBOOK VERMEIDET FEHLKÄUFE

Nimm dein Lookbook immer mit, wenn du shoppen gehst. Es ist dein bester persönlicher Styleguide und wird dich vor Fehlkäufen bewahren.

SCHRITT 10
KAMERAS LÜGEN NICHT

Im Gegensatz zum Spiegel ist die Kamera 100% verlässlich. Ziehe dich an, mache aus allen Blickwinkeln Fotos von dir und betrachte diese kritisch. Das hilft – wirklich!

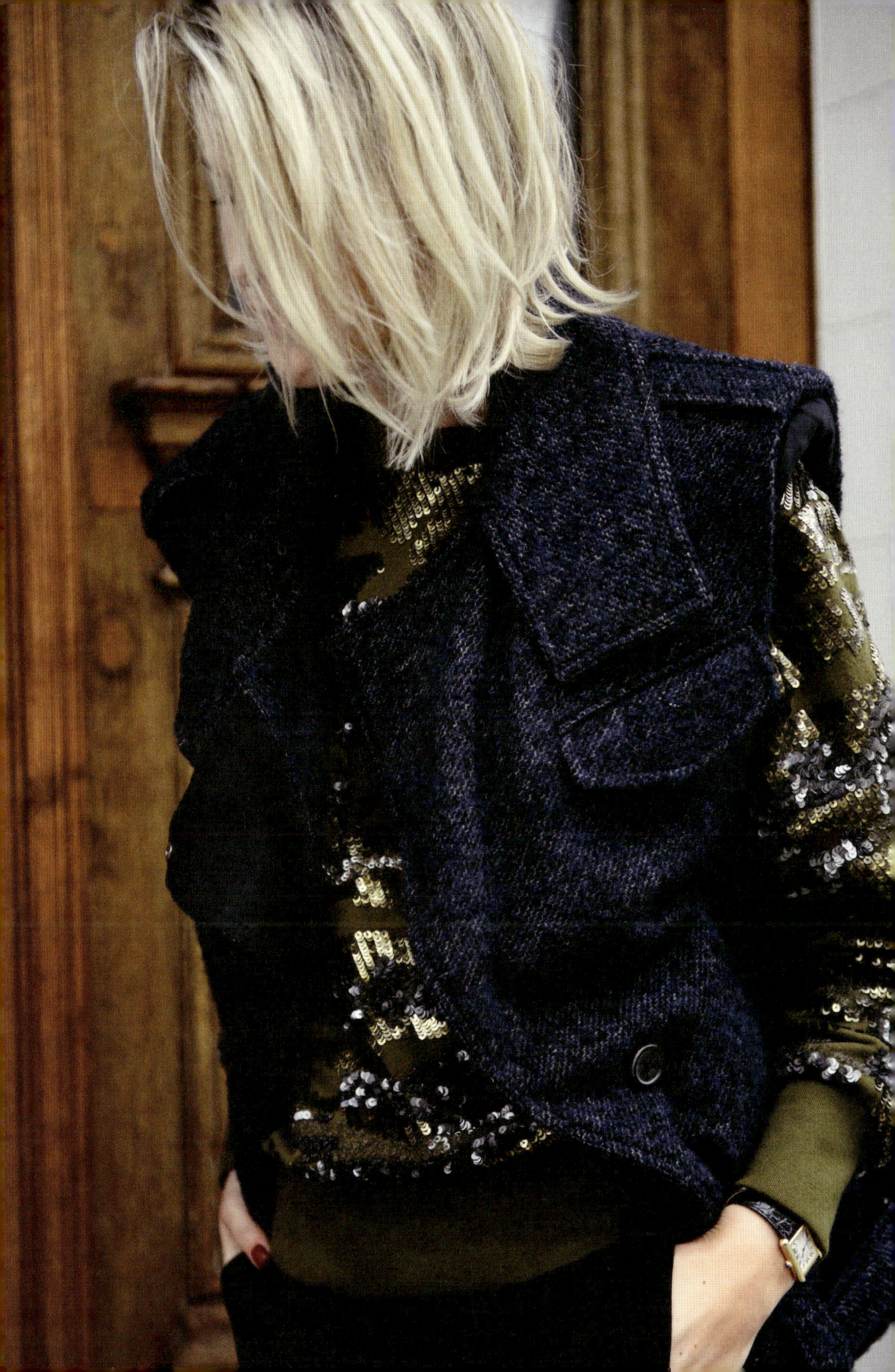

15 TIPPS FÜR SCHÖNERE MODEFOTOS

Die Frage, die mir am häufigsten gestellt wird, lautet »Wer macht deine Fotos?«. Die Antwort ist einfach: ich, wenn ich nicht selbst auf dem Bild bin, sonst meine Freundin. Manche Fotos stammen aber auch von einem anderen Fotografen.

Nach so vielen Jahren Bloggen – und Tausenden Modefotos – sind meine Fotos zwar immer noch nicht perfekt, aber ich werde besser.

1.
Eine **gute Kamera** wirkt Wunder. Investiere in ein gutes Gerät. Mittlerweile gibt es sehr gute und erschwingliche Kameras. Aber wusstest du, dass ein gutes Objektiv viel wichtiger ist als die Kamera an sich?

2.
Unscharfer Hintergrund ist für mich ein Muss ...
So lenkt nichts vom eigentlichen Motiv ab.

3.
Sorge für den **Wow-Faktor**: ein hübsches Outfit, eine schöne Kulisse. Ich habe gern irgendein überraschendes Element auf meinen Fotos.

4.
Nichts ist für die Stimmung eines Fotos wichtiger als **Licht**. Vergiss Neonlicht und zu dunkle Räume. Licht ist der beste Freund des Fotografen.

5.
Allerdings ist **zu viel Sonnenlicht auch nicht gut**, denn dann hat man überall dort Schatten, wo man sie nicht gebrauchen kann (etwa auf dem Gesicht). Ich habe die Erfahrung gemacht, dass die besten Fotos an bedeckten Tagen entstehen. An dunklen, regnerischen Tagen braucht man es gar nicht erst zu versuchen. Solche Fotos sind zwangsläufig unterbelichtet.

6.
Probiere **ungewöhnliche Blickwinkel** und spiele mit der Bildkomposition. Manchmal erzielt man mit einer anderen Perspektive ungeahnte Effekte.

7.

Gestellte Fotos wirken langweilig. Zumindest nie so interessant wie Schnappschüsse. **Spontane, authentische Momente** sind viel spannender. Bewege dich, springe in die Luft, lache! Kurzum, tu etwas.

8.

Zeige Emotionen. Wer will schon noch ein hübsches, aber steriles Bild? Langweilig.

9.

Mache einen **Photoshop-Crashkurs**. Mit dieser Software kann man Tonwerte, Kontraste und die gesamte Bildkomposition nachträglich bearbeiten. Du glaubst nicht, wie viele Fotos damit geschönt werden.

10.

Mache **Nahaufnahmen**. Zoome deinen funkelnden Ring, deinen Schuh oder die schöne Paspelierung deines Kleides heran.

11.

Recherche hilft. Welche Fotos findest du inspirierend? Was genau reizt dich daran? Licht? Lifestyle? Nicht einfach 1:1 kopieren, aber sich Anregungen holen schadet natürlich nicht.

12.

Requisiten machen ein Foto interessanter, weil sie eine Geschichte erzählen, etwa ein Kaffeebecher, eine Sonnenbrille, eine einzigartige Handtasche …

13.

Wenn du **tolle Fotos** gemacht hast, **zeige sie!** Poste sie großformatig in deinem Blog, auf Pinterest oder auf Facebook.

14.

Habe Spaß an der Sache! Das ist wohl mein wichtigster Tipp. Freue dich über deine Kreativität und deine schönen Fotos und genieße das Gefühl!

15.

Ich gebe meinen Fotos gern einen **Hauch Extravaganz** und zwar mithilfe von Details: eine Vase mit weißen Rosen, eine schön manikürte Hand, Bilder an der Wand etc. Wenn das Foto dadurch edel wirkt, bin ich zufrieden!

WIE MAN EDEL AUSSIEHT
(OHNE AUFGESETZT ZU WIRKEN)

Manche Frauen schaffen es, immer edel auszusehen, ohne dass es forciert wirkt.

Die Ausgangssituation
Hurra! Ein Mittagessen mit Freundinnen. Man fönt sein Haar in Form, zieht die High Heels an, wählt sorgsam ein edles Outfit und passenden Schmuck aus, die Hände sind perfekt maniküri, und am Arm hängt das neueste Handtaschenmodell …

Und dann …
… kommt da eine Frau mit derart ungezwungener Eleganz daher, dass sich alle Blicke auf sie richten. Wie macht sie das? Slipper, perfekt sitzende Jeans, Kaschmirpullover, glattes, glänzendes Haar.

Plötzlich …
… fühlt man sich aufgetakelt und sogar ein bisschen … farblos. Kommt dir das bekannt vor? Dann möchte ich dich etwas fragen.

Die Frage:
Wie bekommen manche Frauen diesen mühelosen Chic hin? Und warum klappt es bei dir nicht?

Die Antwort:
dauert etwas länger. Ich bin der Sache nämlich auf den Grund gegangen und habe das Geheimnis entdeckt :-).

* Wurde diesen Frauen die Eleganz bereits in die Wiege gelegt? Weit gefehlt! Gerade in diesem vermeintlich lässigen Look steckt mehr Mühe, als man ahnt!

* Diese Frauen verwenden viel Zeit (und Geld) auf ihren Look. Sie testen alle möglichen Haar- und Hautpflegeprodukte und Make-ups, bis sie das Nonplusultra gefunden haben. Das scheitert an deinem Geldbeutel? Keine Panik! Lies einfach das Beautytipps-Kapitel (S. 138). Eines gilt aber für alle diese Frauen: Sie spielen ihre Trümpfe aus.

* Sie haben schönes, gesundes Haar, aber keine besonders aufgestylten Frisuren. Schließlich geht man nicht jeden Abend zur Oscar-Verleihung. Finde heraus, wie du dein Haar am besten fönst, um einen lässig-schicken Look hinzubekommen.

* Alle diese Frauen tragen nur dezentes Make-up (so sieht es zumindest aus). Sie betonen ihre Vorzüge. Ein schöner, schimmernder Teint ist natürlich ein Muss!

* Saubere Zähne sollten eine Selbstverständlichkeit sein. Also alle sechs Monate zum Zahnarzt!

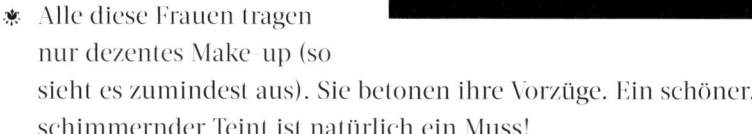

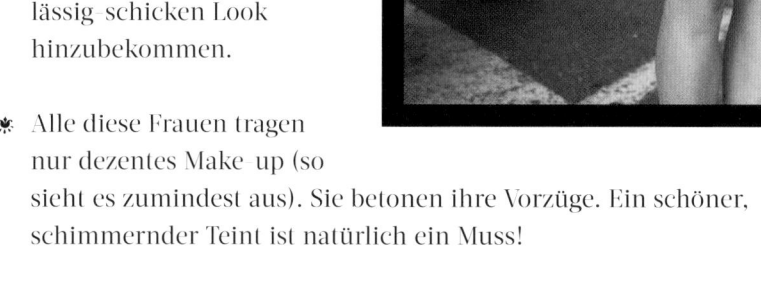

❋ Die Frauen mögen ungestylt wirken, aber achte auf ihre Kleidung: Die passt perfekt, ausnahmslos.

❋ Ihr Motto? Weniger ist mehr. Schicke, neutrale Farben, klare Linien, minimalistischer Look, ein einziges Statement-Accessoire, mehr nicht, denn mehr kann billig wirken.

❋ Leuchtend blaue oder babyrosa Nägel mögen ja ganz witzig sein, aber seien wir ehrlich: Besonders edel sehen sie nicht aus. Die Schönen und Reichen greifen zu Nude-Tönen. Mein Lieblings-Nude-Nagellack ist *OPI Sweet Heart*, nicht zu beige, nicht zu pink, genau richtig.

❋ Setze auf Qualität. Kaufe gute Kleidung. Vergiss billige Mode von der Stange. Mein Geheimtipp: Erschwingliche Mode bekommt man bei COS, bezahlbare Accessoires und Schmuck bei Uterqüe.

❋ Tausche deine High Heels gegen hübsche Slipper oder Ballerinas. Ich sterbe für die eleganten Ballerinas von Chloé und Pretty Loafers (die man selbst gestalten kann!).

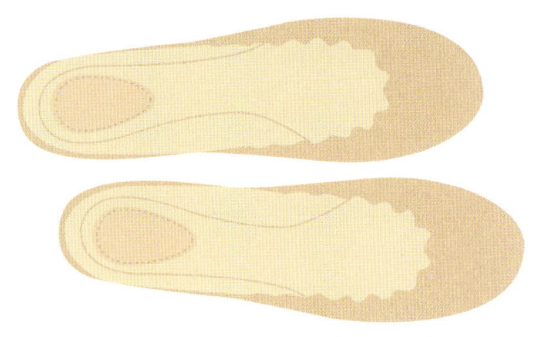

Jetzt weißt du, was du tun musst, um künftig alle Blicke auf dich zu ziehen, und bist sicher bereit für das nächste Kapitel. Jetzt geht's auf Schnäppchenjagd, Ladys!

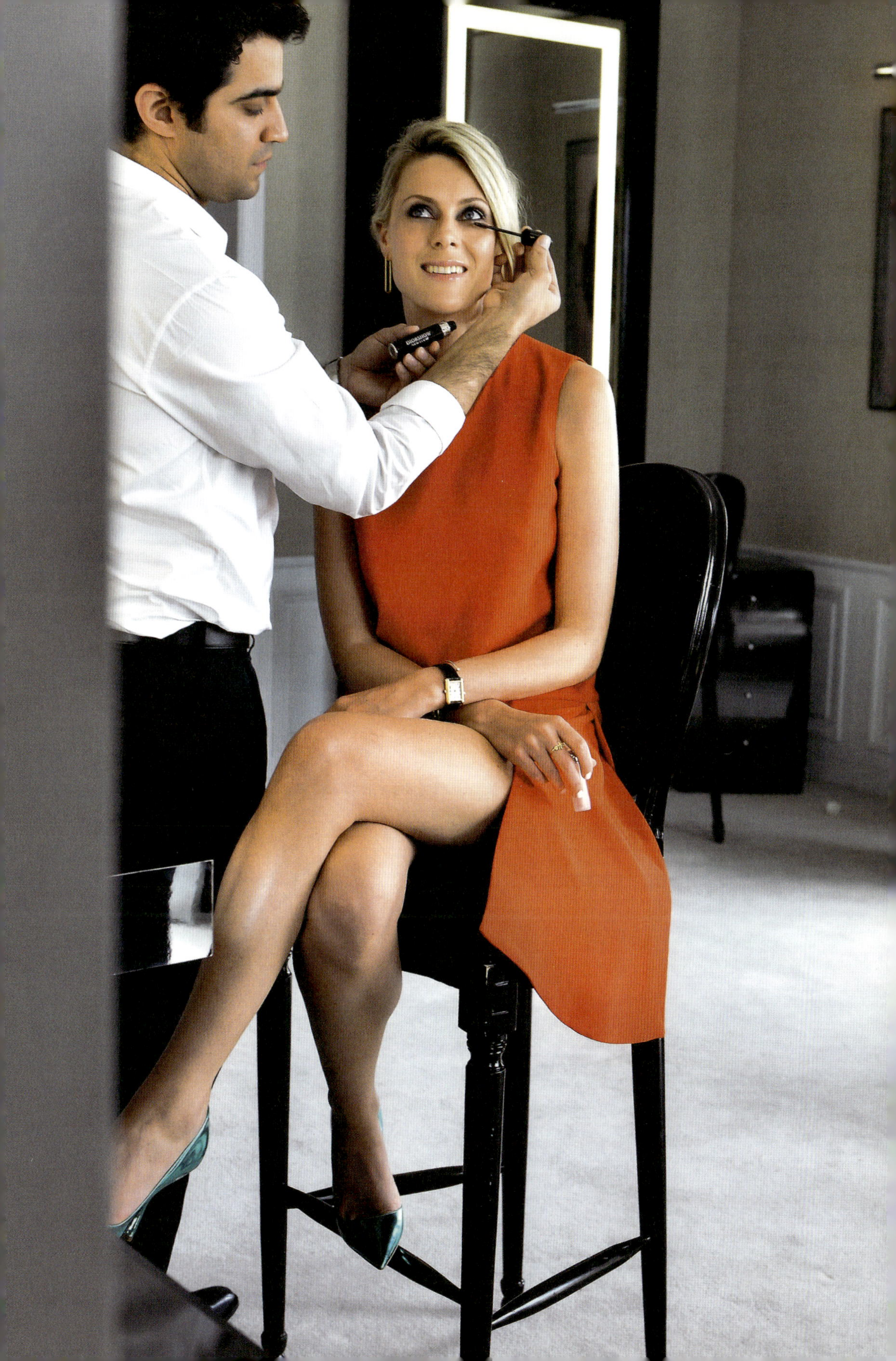

LITTLE
BLACK
BOOK

RICHTIG SHOPPEN

Basics, Klassiker, Vintage-Mode, Schnäppchen, Designeroutfits ...

SOFIE VALKIERS

Wenn ich Geld sparen kann, bekomme ich immer so ein Kribbeln. Gibt es etwas Schöneres als erfolgreiche Schnäppchenjagd? Vielleicht ... ach nein, doch nicht :-). Ich brauche unbedingt einen I ♥ SALES!-Autoaufkleber.)

GARDEROBEN-UPGRADE IN 13 SCHRITTEN
(OHNE DEN KREDITKARTENRAHMEN ZU SPRENGEN)

- Entweder möglichst früh oder möglichst spät shoppen gehen, um die schönsten Stücke zu finden. Noch günstiger wird es gegen Ende des Schlussverkaufs. **Spitzenzeiten vermeiden.** An Wochenenden und zur Halbzeit der Schlussverkaufsperiode zu Hause bleiben.
- **Teurere Stücke**, ob Lederjacke oder Handtasche, nur herabgesetzt kaufen.
- Jetzt lohnt es sich, in interessante **Accessoires** zu investieren, zum Beispiel besonders edle Schuhe oder ein herabgesetztes Schmuckstück.
- Mache es dir leicht und kaufe **Basics** gleich **mehrfach**. Hast du etwas Schönes zu einem guten Preis entdeckt, kaufe es in mehreren Farben. Besser kannst du dein Geld nicht investieren.
- Das Gleiche empfehle ich für **Dessous**. Jede Frau weiß, wie schwierig es ist, einen gut sitzenden BH zu finden. Wenn du den richtigen gefunden hast, kaufe ihn in Weiß, Haut und Schwarz.
- **Passform** ist wichtiger als Aussehen. Das Kleid ist zwar etwas klein, aber dafür hübsch? Die unwiderstehlichen Schuhe sind zwar auch zu klein, aber vielleicht gibt sich das nach einer Weile? Hände weg! NICHT kaufen! Egal, wie stylish es in der Ankleidekabine aussieht, die Chance, dass dein neuestes Stück in der hintersten Ecke des Kleiderschranks landen wird, ist sehr, sehr hoch.
- Du hast Lust auf **Designermode**? Dann greife zu den typischen Klassikern deines Lieblingsdesigners: ein Blazer von Stella McCartney, Ledermode von Helmut Lang oder vielleicht ein schwarzes Partykleid von Lanvin?
- Den Schlussverkauf der großen Textilketten (wie Zara oder H&M) lieber meiden ...

- **Freunde dich mit der Verkäuferin in deinem Lieblingsgeschäft an.**
  Sie sagt dir, wann die Objekte deiner Begierde herabgesetzt werden.
- Schaue in deinen Terminkalender, welche **Partys und Events** demnächst auf dem Programm stehen. Eine Hochzeit? Eine Gala, für die ein City-Outfit benötigt wird? Es lebe der Schlussverkauf!
- **Online kaufen!** Dein Traumstück ist nicht mehr vorrätig? Schau bei eBay oder Ähnlichem. Dort hast du gute Chancen, fündig zu werden.
- **Gutscheincodes:** die beste Erfindung seit den High Heels! Mit diesen Codes kann man beim Online-Shoppen viel sparen. Ich gebe dir meinen Insidergeheimtipp, wenn du versprichst, ihn nicht weiterzusagen: Gehe auf www.retailmenot.com. Dort bekommst du Gutscheincodes mit bis zu 20% Rabatt, versandkostenfreie Lieferung und sogar noch einen 20€-Einkaufsgutschein! Bevor ich online kaufe, gehe ich immer zuerst auf diese Website.
- Und hier noch eine Website, die ich vor jedem Internetkauf checke: www.shopstyle.com. Warum? Ganz einfach: Weil dort eine Preissuchmaschine anzeigt, wo man das Gesuchte am günstigsten bekommt.

tipp

*Klicke auf »Suche speichern«.
So wirst du benachrichtigt,
wenn etwas Neues hereinkommt,
das mit deinem Suchbegriff
übereinstimmt.*

·········

ÄRGERLICHE FEHLKÄUFE
(UND WIE MAN SIE VERMEIDET)

* Du weißt, was ich meine: Oh! Nur 20 Euro? Das KANN ich mir NICHT entgehen lassen. Doch, kannst du. Lass es liegen und gehe weiter. Hier ein paar Finger-Weg-Alarmsignale:
    * Du spürst keine unbezähmbare Gier nach dem guten Stück in dir.
    * Du willst es kaufen, nur weil es 50 % herabgesetzt ist.
    * Du würdest nie den vollen Preis zahlen.
    * Du würdest das Kleidungsstück kaum tragen.
* Nimm dir immer ein Total-schick-aber-nicht-wirklich-mein-Stil Teil mit in die Ankleidekabine. Vielleicht erlebst du eine Überraschung.
* Kaufe alltagstaugliche Kleidung. Niemand möchte auf zehn Zentimeter hohen Absätzen durch den Alltag stöckeln, auch wenn man am liebsten sein Leben auf High Heels verbringen würde. Kaufe Mode, die du jeden Tag tragen kannst.
* Nimm dein Lookbook (siehe S. 98) mit, um zu wissen, was in deinem Schrank noch fehlt. So wirst du auch nicht von dem riesigen Angebot in den Geschäften erschlagen.

**Lookbook =
weniger Impulskäufe =
weniger Geldverschwendung**
Hinzu kommt, dass man sich vom gesparten Geld eine Massage oder eine Schachtel Macarons leisten kann. Die hat man sich nach einem anstrengenden Shoppingtag auch redlich verdient.

TRAGEKOSTEN

> **KOSTEN PRO TRAGETAG**
>
> Anschaffungspreis : geschätzte Anzahl der Anlässe, zu denen das Stück getragen wird = Tragekosten pro Anlass.

Kaufst du lieber zehn herabgesetzte Oberteile oder sparst du auf eine teure Markenjacke? Die meisten glauben, man könne mit dem Kauf billiger Kleidungsstücke sparen. Stimmt nicht! Das Wichtigste ist der **Wert des Kleidungsstücks**, nicht der Preis.

Ein Beispiel: Du zahlst 400 Euro für einen schönen Wintermantel, den du rund 100 Mal in vier Monaten des Jahres trägst. Dann kostet dich der Mantel einen Euro pro Tragetag. Gibst du dagegen 20 Euro für ein Oberteil aus, das du nur vier Mal trägst, liegen die Tragekosten pro Mal bei 5 Euro, also viel höher.

Manche behaupten, diese Rechnerei sei nur ein Vorwand für den Kauf teurer Markenkleidung (ja, mag sein ;)). Für mich ist sie aber trotzdem eine gute Entscheidungsgrundlage. Ich frage mich vor jedem Kauf, wie oft ich das Stück tragen werde und ob ich es mit anderen Sachen kombinieren kann, bevor ich vielleicht zum teureren Kleidungsstück greife. Dementsprechend hängen meine teuersten T-Shirts auch alle fein säuberlich auf einem Bügel, während die billigeren zusammengelegt in einer Schublade liegen.

DIE BESTEN SHOPPING-TIPPS

- Wenn ich ein Kleid für eine Party suche, nehme ich zum Shoppen die High Heels, den Lippenstift und die Handtasche mit, die ich dazu tragen möchte, und sehe so beim Anprobieren sofort, wie der Gesamtlook aussieht. Klappt immer.
- Beim Jeanskauf im Zweifelsfall die kleinere Größe wählen (jawohl!). Jeansstoff gibt immer etwas nach, und nichts ist weniger sexy als ein Hängehintern.
- Sieht ein Kleidungsstück von innen klasse aus, dann kann man praktisch immer davon ausgehen, dass es auch außen sorgfältig verarbeitet wurde.
- Bei weißen Kleidungsstücken prüfen, ob sie nicht durchsichtig sind. In der Ankleidekabine sieht man das meist nicht. Wer will schon bei der nächsten Gartenparty den totalen Durchblick gewähren?
- Mantel sehr sorgfältig auswählen, denn den Mantel werden viele Leute relativ oft an dir sehen. Deshalb richtig investieren!
- Ein Trendtipp: Männerkleidung! Probiere es mit einem Hosenanzug und setze feminine Akzente mit Lippenstift und High Heels.
- Männer gewöhnen sich schnell an einen Look. Sorge daher für Abwechslung in deinem Kleiderschrank. Gehe neue Wege. Du hast eine hübsche Brosche gesehen, magst aber eigentlich keine Broschen? Dann trage sie doch als Anhänger an einer Goldkette. Mit Ohrclips kannst du deine Alltagsballerinas in originelle Schuhe für den Abend verwandeln. Sei kreativ!
- Auf der Suche nach Schuhen? Bedenke, dass die Füße beim Shoppen anschwellen, vor allem kurz vor Ladenschluss. Deswegen sollte man grundsätzlich genügend Spielraum für die Zehen haben (ja, auch in spitzen Schuhen!).

DAS BESTE SHOPPING-OUTFIT

Shoppen am Mittag? Dann Folgendes aus dem Schrank hervorholen:
- Kleidung, die sich leicht aus- und wieder anziehen lässt (Zwiebelprinzip!)
- Schuhe, in die du bequem hineinschlüpfen kannst.
- Leggings oder Jeggings als Hose oder unter einem Kleid.
- Tanktop, darüber eine Strickjacke.

Damit bist du bestens gerüstet. Auf in den Kampf!

MEINE FÜNF BESTEN SCHNÄPPCHEN

1.
Eine schwarze Lederjacke von Hugo Boss

2.
Eine schwarze Geldbörse von YSL

3.
Eine klassische Prada-Handtasche mit Reißverschluss

4.
Ein schwarzer Ledergürtel mit goldenem Moschino-Schriftzug

5.
Eine braune Kelly-Uhr von Hermès

VINTAGE-MODE: KLEIDUNG MIT CHARAKTER

Vintage-Mode hat eine Seele. Jedes Stück hat seine eigene Geschichte und wurde meist mit sehr viel Liebe zum Detail gefertigt. Außerdem läuft man kaum Gefahr, dasselbe Kleidungsstück an jemand anderem zu sehen. Grundregel für Vintage-Mode: Je älter, desto besser die Qualität.

MEHR SHOPPING-TIPPS FÜR DIE BESTEN VINTAGE-STÜCKE!

- Vintage-Kleidung ist gut tragbar. Sie sollte kein Schrankdasein fristen. Vor dem Kauf IMMER anprobieren. Dabei entdeckt man auch kleine Mängel. Auf Schweiß- und Deodorantflecken, kleine Löcher, Risse oder andere Mängel achten.
- Die großen Klassiker sind immer eine gute Investition. Halte Ausschau nach Dior, Chanel-Kostümen, Pucci, Gucci und Saint-Laurent-Blusen aus den Siebzigern.
- Kaufe nur in vertrauenswürdigen Vintage-Läden. Meine Topadressen findest du im Kapitel Shopping-Adressen (ab S. 158).
- Gehe nicht nach Größenangaben. Die Größen von damals decken sich nicht mit den heutigen.
- Sohlen und Absätze von Schuhen IMMER prüfen. Schuhe anprobieren, um sicherzugehen, dass die Absätze nicht wackeln.
- Ausgewaschene oder verblichene Farben sind ein No-Go.
- Vintage-Jacken kannst du mit neuen Knöpfen einfach einen modernen Look verpassen.
- Vintage-Mode hat ihre Tücken! Man kann einen Jumpsuit aus den Siebzigern nicht mit einem aus dem Jahr 2013 vergleichen. Schnitt, Stoff, etc., alles ist heute anders. Mein Tipp: Gehe zu einer Näherin oder Schneiderin, jemandem, der deine Größe und deinen Geschmack kennt. So jemand ist Gold wert. Deine Schneiderin ist deine beste Freundin.
- Der typisch muffige Geruch alter Kleidung kann störend sein. Leider bekommt man den nur in den seltensten Fällen weg.
- Vintage-Mode nie in Plastikhüllen aufbewahren, da der Stoff so nicht atmen kann.
- Kombiniere Vintage mit heutiger Mode. Niemals, wirklich NIEMALS Vintage-Look von Kopf bis Fuß. Lieber ein modernes schwarzes Kleid mit Vintage-Ohrringen kombinieren. Perfekt!

VINTAGE – ECHT ODER NICHT?

REGEL 1
Wenn es zu gut aussieht, um echt zu sein, ist es wohl auch nicht echt. Eine Vintage-Handtasche von Chanel für 300 Euro? Sicher nicht.

REGEL 2
Auf Details achten. Vintage-Mode wurde mit viel Liebe zum Detail von Hand gefertigt. Sind die Nähte gerade? Steht irgendwo »Made in China«? Alles klar …

REGEL 3
Bietet der (Online-)Vintage-Händler die gleiche Chanel-Handtasche in zehn verschiedenen Farben an? Finger weg!

REGEL 4
Ein bisschen Recherche vor dem Kauf kann nicht schaden. Gab es die Birkin Bag wirklich in dieser Farbe? Einfach auf Google eingeben oder auf der Hersteller-Website überprüfen.

LITTLE
BLACK
BOOK

FASHION WEEKS

Die wirklich unvergesslichsten Momente des Jahres

SOFIE VALKIERS

Fashion Weeks ... (extrem) anstrengend und furchtbar chaotisch, aber dafür machen sie umso mehr Spaß!

KURZE GESCHICHTSSTUNDE

Am Anfang war ... Eleanor Lambert

1943 beschloss die New Yorker Modejournalistin Eleanor Lambert, etwas für die US-Modeschöpfer zu tun, und rief in New York die sogenannte *Press Week* (so der Name der ersten Fashion Week) ins Leben, auf der sie einige ihrer Landsleute der Presse vorstellte. Von den französischen Modeschauen war man durch den Krieg abgeschnitten, und so brachte selbst die europalastige *Vogue* plötzlich auch Artikel über US-Mode. Eleanor war eine außergewöhnliche Frau. Mode war ihr Leben. Sie initiierte nicht nur die *Fashion Weeks*, sondern gründete auch den *Council of Fashion Designers of America* (CFDA) und führte die *Best-Dressed*-Liste ein. Für ihr Engagement erhielt sie mehrere Auszeichnungen, darunter den *CFDA Award for Lifetime Achievement* und den *CFDA Industry Tribute Award*. Eine beeindruckende Lady!

Dann kam ... Anna Wintour

Erst als Anna Wintour auf den Plan trat, war die *Press Week* wirklich ein Riesenerfolg. Als Chefredakteurin der amerikanischen *Vogue* nahm Anna die Sache in die Hand. Sie prägte nicht nur das Gesicht der Zeitschrift, sondern auch das Image der *Press Week*, die sie in *Fashion Week* umtaufte. Sie brachte »alte« Modehäuser dazu, mit jüngeren Modeschöpfern zu kooperieren. Auf die erste New Yorker *Fashion Week* folgten bald Ableger in Mailand, London, Paris, Madrid, Kopenhagen und sogar Japan.

FASHION WEEK: DIE FAKTEN

Die **Women's Prêt-à-Porter Fashion Week** findet zweimal jährlich statt. In dieser Zeit präsentieren die großen Designer und Modehäuser der internationalen Presse, den Bloggern und Einkäufern ihre neuesten Kollektionen. Die Shows sind ein Ausblick auf die Trends und Styles der Folgesaison.

Der Event sollte eher Fashion Month heißen, denn wenn man zu jeder Veranstaltung geht, ist man längere Zeit beschäftigt. Wer nichts versäumen möchte, bucht seine Flugtickets am besten in folgender Reihenfolge:
* New York
* London
* Mailand
* Paris

Die Modewelt kennt nur zwei Jahreszeiten:
* Frühjahr/Sommer: Präsentation der Kollektionen September–Oktober
* Herbst/Winter: Präsentation der Kollektionen Februar–März

Das gibt Journalisten und Einkäufern Zeit, die neuen Kollektionen in Modezeitschriften vorzustellen beziehungsweise für die Kunden zu beschaffen. Neben der Women's Prêt-à-Porter Fashion Week gibt es auch noch die **Haute Couture Fashion Week** und die **Menswear Fashion Week**. Die Cruise- und Resort-Collections werden kurz vor der Frühjahr-/Sommerkollektion präsentiert. Und dann werden auch noch die **Pre-Fall Collections** (vor Herbst/Winter) auf einer eigenen Veranstaltung, jedoch ohne festes Datum vorgestellt. Diese Kollektionen bringen die großen Modehäuser meist drei Monate nach der Prêt-à-Porter-Kollektion heraus, um die Kundinnen nicht zu lange warten zu lassen.

DIE FASHION WEEK ÜBERLEBEN

Achtung: Fashion Weeks sind nichts für schwache Nerven. Sie sind wahnsinnig hektisch und extrem stressig, machen dafür aber auch richtig Spaß! Ein paar Tipps zum Umgang mit allen möglichen Situationen können nicht schaden. Hier meine Liste. Du wirst sie brauchen. Garantiert.

HEFTPFLASTER
Ein absolutes Muss! Deine Füße werden es dir danken.

WASSERFLASCHE
Ich trinke meist vorher zu wenig. Daher brauche ich immer eine volle Flasche in meiner Handtasche.

AUGENCREME/CONCEALER
Glaube mir, nach mehrwöchigem Schlafdefizit sind eine gute Augencreme und Concealer unabdingbar.

DIE IDEALE HANDTASCHE
Nimm die richtige Handtasche mit: nicht zu groß (denke an deine Schultern und deinen Rücken), aber auch nicht zu klein, denn man ist ja den ganzen Tag auf den Beinen (Ballerinas, Wasserflasche etc. einplanen).

BALLERINAS
Von einem Event zum anderen hetzen, ob in der U-Bahn oder im Taxi, ist in Louboutins nicht gerade bequem. Daher habe ich während der Fashion Weeks immer schwarze Ballerinas von Marc Jacobs in der Handtasche. Unmittelbar vor der Show ziehe ich dann meine High Heels an. Bisher hat niemand etwas gemerkt. Übrigens machen das alle Redakteurinnen so.

TROCKENSHAMPOO
Fashion Weeks ohne Trockenshampoo? Undenkbar. Es verleiht dem Haar Volumen und Griffigkeit, wenn mal keine Zeit zum Haarewaschen ist. Mein Favorit ist *Powder Refresh Dry Shampoo* von Redken.

SONNENBRILLE
Selbst bei Regen gehe ich nicht ohne Sonnenbrille zu Modeschauen. Dahinter kann man wunderbar müde Augen verstecken. Mein Lieblingsmodell ist zugleich auch mein größtes (von Céline).

NOTIZBUCH
Mein Geheimtipp: Ein Notizbuch von Smythson. Warum? Weil es stylish ist, gut in der Hand liegt, in jede Handtasche passt und sehr professionell aussieht. Alle wichtigen *Vogue*-Redakteurinnen haben auch so eins.

VISITENKARTEN
Unerlässlich. Manchmal trifft man nämlich auf Modenschauen interessante Leute, denen man dann ganz lässig seine Visitenkarte geben kann.

MAKE-UP FIXIERSPRAY
Schon mal davon gehört? Das ist ein Make-up-Auffrischungsspray. Gleichzeitig verleiht es müder Haut neue Energie. Mein absoluter Favorit ist *Hydra Beauty Mist* von Chanel. Zwischen den Shows kurz über das Gesicht sprühen, und schon strahlt der Teint wieder.

ERSTE HILFE FÜR NOTFÄLLE AUF FASHION WEEKS
- Doppelseitiges Klebeband (damit nichts verrutscht)
- Fleckenstift (zum Entfernen von Weinflecken)
- Sicherheitsnadeln (immer praktisch!)
- Fusselrolle (um Fusseln und Haare von der Jacke zu entfernen)
- Handy-Aufladekabel (wer will schon einen leeren Akku?)
- Fleckentferntücher (ideal für Leute wie mich, die nicht ordentlich essen können)

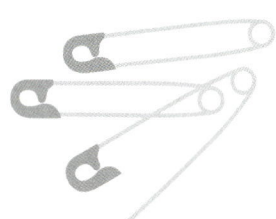

124 FASHION WEEKS

24 STUNDEN FASHION WEEK

Es mag ja ganz schick klingen, wenn jemand sagt, er oder sie sei auf einer Fashion Week, und natürlich hat das tatsächlich einen hohen Glamourfaktor, allerdings gibt es auch viele weniger glamouröse Momente. So ein Besuch der Fashion Weeks ist nämlich harte Arbeit. Hier mein typischer Tagesablauf:

6 Uhr
Aufstehen! Zeit fürs Styling. Sprich: ab ins Bad für den perfekten Fashion Weeks-Look. Meine Sachen lege ich mir meist schon am Vorabend zurecht, damit es morgens schneller geht.

7 Uhr
Ein schnelles Frühstück im Taxi, während ich zum ersten Treffen fahre. Backstage versuche ich, die Beautytipps der Saison in Erfahrung zu bringen.

9 Uhr
Auf geht's zur ersten Modenschau des Tages. Wenn Fashion Week ist, sind die Straßen so verstopft, dass ich lieber die U-Bahn nehme. Dort muss ich mich zwar erst zurechtfinden, aber ich bin trotzdem meist pünktlich am Ort des Geschehens.

10 Uhr
Ortswechsel. Ich gehe zur nächsten Modenschau. Dabei begegne ich einer italienischen Bloggerin. Wir reden über unsere Blogs und die bereits gelaufenen Shows.

11 Uhr
Treffen mit meinem Freund, leider kein romantisches Mittagessen, sondern ein Fotoshooting. Während der Fashion Weeks sind Postings zu meinen Outfits auf Fashionata immer sehr beliebt. Deshalb brauchen wir ein paar gute Fotos.

12 Uhr
Mittagessen! Meistens gönne ich mir mittags ein richtiges Essen, da ich nicht weiß, ob ein Abendessen zeitlich drin ist.

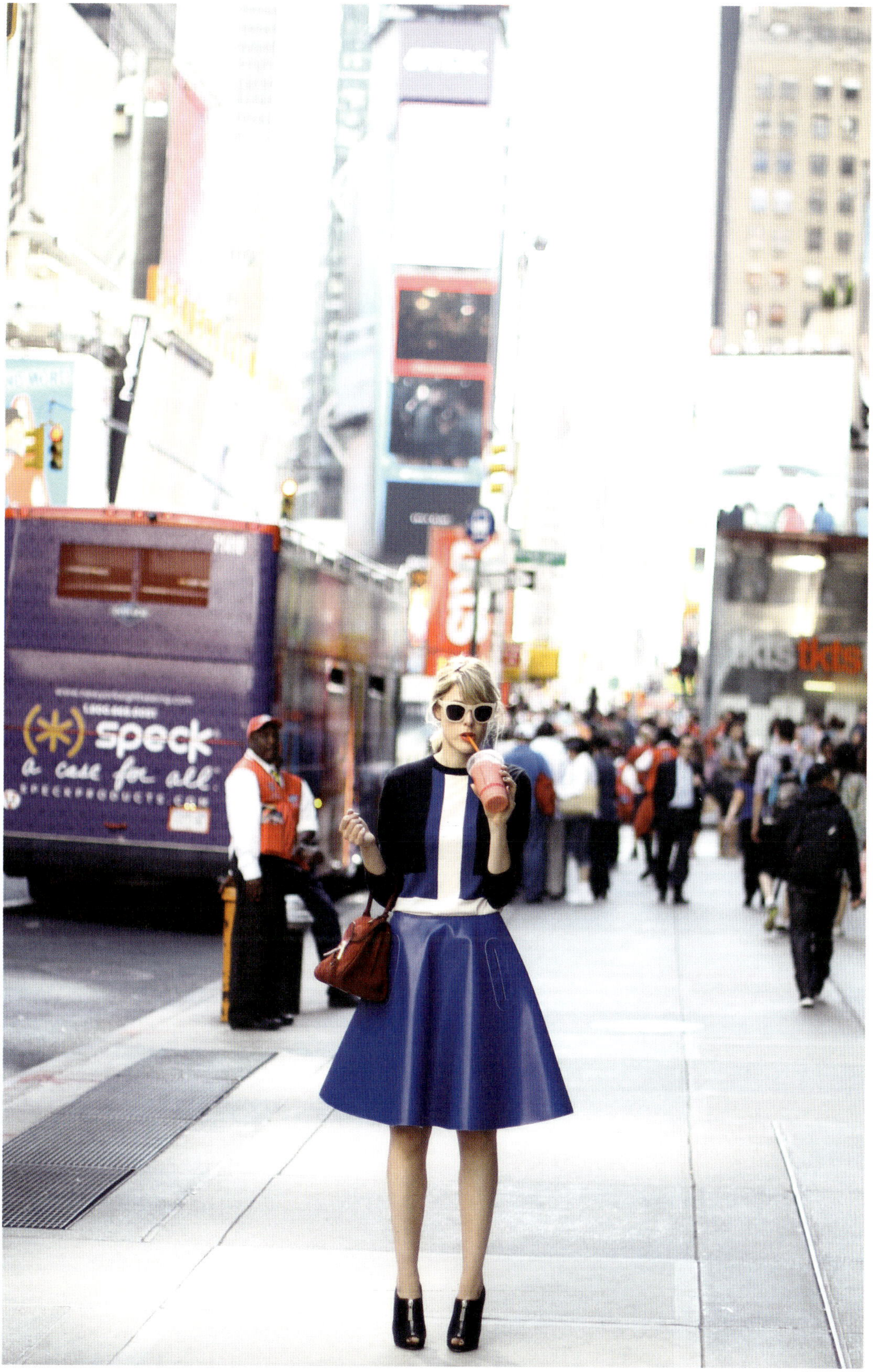

speck
a case for all
SPECKPRODUCTS.COM
tkts tkts

13 Uhr
Besprechung eines neuen Fashionata-Projekts. Ich mache im Vorfeld immer Termine mit Modefirmen aus. So kann ich einen Blick in die Showrooms meiner Lieblingsmarken werfen und mit den Verantwortlichen sprechen.

15 Uhr
Kurze Pause im Hotel. Zeit, die Fotos zu sichten und hochzuladen. Dann schreibe ich den tagesaktuellen Beitrag für meinen Blog und plane den nächsten Tag.

17 Uhr
Schnelles Umziehen (in solchen Wochen ziehe ich mich manchmal zweimal am Tag um). Startbereit für die letzte Show des Tages.

18 Uhr
Die Show war super! Jetzt ab zu einem Pop-up-Verkauf bei einer meiner Lieblingsmarken: Valentino. Es gibt Macarons und Champagner ... mmmh! Außerdem werden auch andere Bloggerinnen da sein. Wird nett!

19.30 Uhr
Wir beschließen, schnell in einem Szenelokal etwas zu essen.

20.30 Uhr

Noch ein Event: Kate Moss zu Gast bei der Eröffnung eines neuen Geschäfts. Promialarm. Ich habe meine Kamera im Anschlag. Außerdem eine Supergelegenheit, Kontakte zu knüpfen.

22 Uhr

Partyyyyy!!! Jedes Modelabel hat seine eigene Afterparty. Ein Muss, wenn man Models und wichtige Redakteure treffen möchte. Ich halte da immer die Augen offen. Ich empfinde die Gesellschaft gut gekleideter Menschen als sehr inspirierend. So bekomme ich gleich ein paar Ideen für neue Blogbeiträge.

Mitternacht
Ich bin todmüde, spüre meine Füße nicht mehr und kann die Augen nicht mehr offen halten. Zeit, ins Hotel zurückzukehren, mich abzuschminken, ein paar Notizen zu machen (bei all den Inspirationen, die ich tagsüber gesammelt habe, dauert das etwas länger), meinen Zeitplan für den nächsten Tag zu überfliegen (Shows, Locations, Mittagessen, Gesprächstermine etc.), mein Outfit für den nächsten Tag zurechtzulegen und die Einladungen zu den Shows in meine Handtasche zu stecken.

1 Uhr morgens
Endlich komme ich zu meinem Schönheitsschlaf. Gute Nacht!

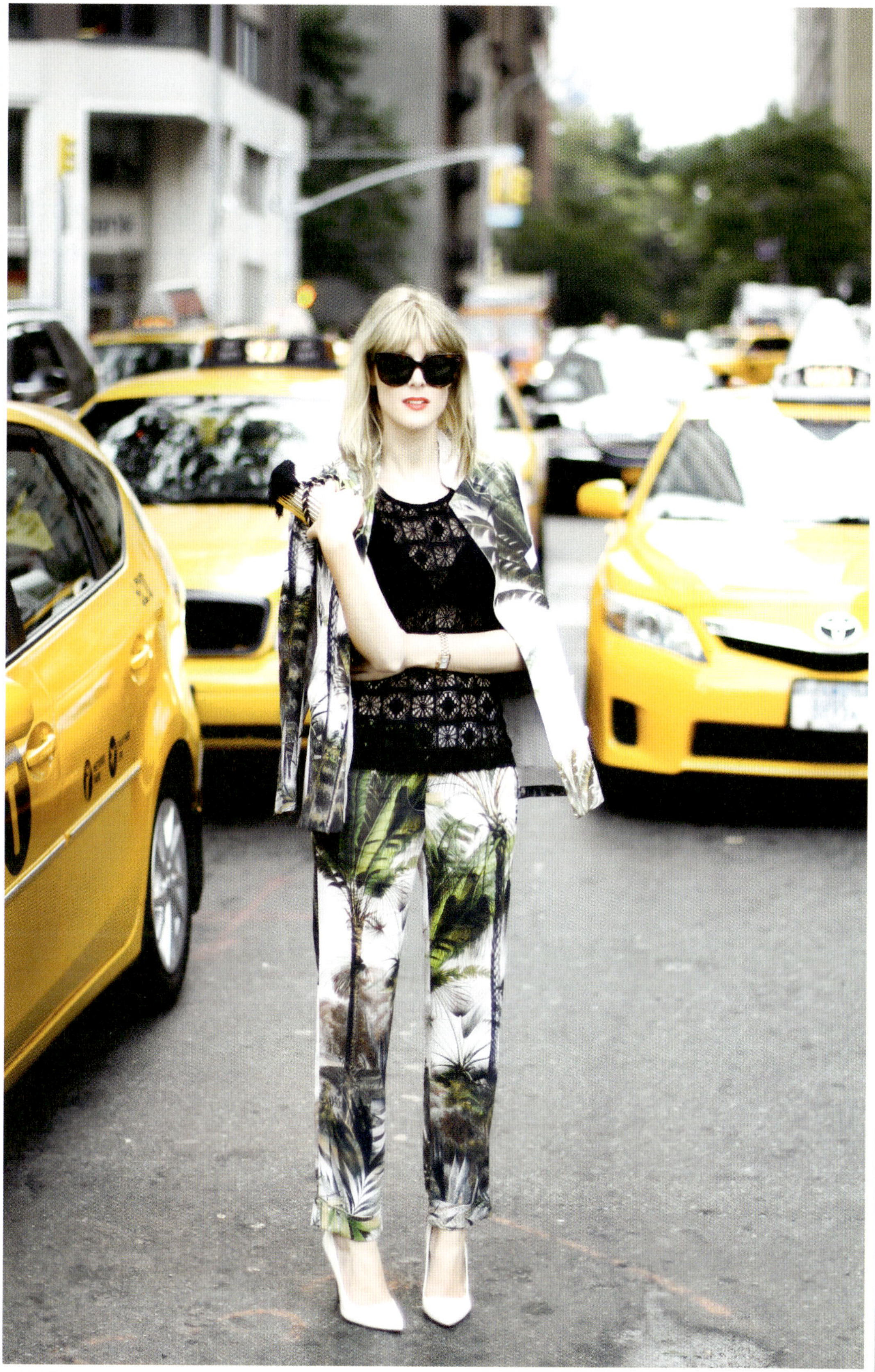

MEINE DREI GRÖSSTEN FASHION WEEKS-PANNEN

Platz 3

- Vor der Show muss man immer lange warten. Man plaudert also mit den anderen. Und plötzlich winkt mir da eine Frau zu. Ich winke (natürlich) freundlich zurück, mit diesem typischen Lange-nicht-mehr-gesehen-Lächeln. Dabei stelle ich mir panisch die Frage, wer diese Frau ist. Ich versuche krampfhaft, mich zu erinnern, sie winkt immer noch. Ein paar Sekunden später taucht hinter mir eine Frau auf, und mir dämmert allmählich, dass das Winken ihr gegolten hat. Ups. So etwas passiert mir ständig ;-).
- Während einer großen Show reißt der Reißverschluss an meinem Rock. Hoffnungslos. Ich halte mit beiden Händen meinen Rock fest und versuche, diskret hinauszugehen. Unmöglich, denn überall stehen Fotografen, die auf die schönsten Outfits des Tages lauern. Seither habe ich immer Sicherheitsnadeln dabei. Das passiert mir nicht noch mal.

Platz 2

Eigentlich keine Panne, sondern ein Moment, den ich nie vergessen werde. Es war auf meiner ersten Fashion Week irgendwann 2007. Mein Freund kannte (und kennt) sich mit Mode nicht so aus und erkennt daher auch nie jemanden. Selbst als Anna Wintour, die Chefredakteurin der amerikanischen *Vogue* auftauchte, musste ich ihn ausdrücklich darauf hinweisen. Für mich schwer verständlich, da ich wohl ihr größter Fan bin. Marcio fragte mich: »Warum sprichst du sie nicht einfach an? Frag sie, ob sie sich mit dir fotografieren lassen würde.« Bevor ich ihn aufhalten konnte, ging Marcio zu ihr hin. Ein paar Sekunden später hatte er sie angesprochen. Ich kämpfte mich auf meinen zwölf Zentimeter hohen High Heels zu den beiden vor (nicht leicht, aber ich hab's geschafft) und hörte, wie er sagte: »Könnte ich ein Foto von Ihnen und meiner Freundin machen? Sie ist ein großer Fan von Ihnen. Und ich bin extra aus Brasilien nach Paris gekommen, um Sie kennenzulernen.« Letzteres war eine glatte Lüge ;-). Nicht gerade die geschickteste Art, jemanden anzusprechen … Da stand ich nun mit meinem (etwas zu) spontanen Partner. Anna Wintour schob die Sonnenbrille ins Haar, musterte uns von Kopf bis Fuß und sagte kurz angebunden: »Nein.« Ich wäre am liebsten im Erdboden versunken. Mein Freund, der so eine Reaktion nicht erwartet hatte, stand da wie ein Schuljunge. Da muss Anna Wintour wohl Mitleid bekommen haben, denn sie sagte: »OK, ein Foto, aber machen Sie schnell.« Sie lächelte sogar. Und so habe ich jetzt ein Foto, auf dem ich neben einer lächelnden Anna Wintour stehe. Ein unvergesslicher Moment! Übrigens hat Marcio so etwas seither nie wieder probiert :).

Platz 1

Der Länge nach hinfallen ist peinlich. Hinfallen vor Publikum ist noch viel peinlicher. Hinfallen auf einer Kenzo-Modenschau ist an Peinlichkeit nicht mehr zu überbieten. Nein, ich habe die kleine Stufe tatsächlich nicht gesehen. Ich dachte an all die Models, die auch bisweilen hinfallen, lächelnd aufstehen und weitermachen, als sei nichts passiert. So habe ich es auch gemacht, aber das war eindeutig einer der schrecklichsten Momente meines Lebens. Das könnt ihr mir glauben!

MEINE DREI SCHÖNSTEN FASHION WEEK-ERLEBNISSE

In diesem Fall möchte ich eigentlich keine Plätze verteilen, denn jeder dieser Momente war auf seine Art wunderschön.

1.

Die **erste Fashion Week** vergisst man nie! Ich hatte meine erste Einladung zu einer Modenschau (Sonia Rykiel, Paris) und kann mich noch genau erinnern, wie ich den Tag genoss. Es war wie im Traum. Zum Frühstück gönnte ich mir Macarons von Ladurée. Danach ging ich zum größten Louboutin-Geschäft der Stadt und kaufte meine ersten Louboutins (ein Jahr lang hatte ich dafür gespart!). Zurück im Hotel zog ich sie an und war bereit für meine erste Show. Und dann saß ich da, die Lichter gingen an, die Models marschierten auf und präsentierten atemberaubende Kreationen. Vor mir im Publikum saßen die berühmtesten Moderedakteure, zu denen ich immer aufgesehen hatte. Ich fühlte mich grandios. Alles fühlte sich so unwirklich an – ein magischer Moment, den ich sicher nicht so schnell vergessen werde.

2.

Treffen mit Diane von Fürstenberg in ihrem New Yorker Loft! Das war so unglaublich, dass ich es immer noch nicht fassen kann. Ich habe Diane immer bewundert, ihre Stilsicherheit, ihre schönen Kreationen und ihren Erfolg. Ich konnte es nicht glauben, dass sie mich tatsächlich zu sich nach Hause einlud. Mit zitternden Knien klingelte ich bei ihr, fühlte mich dann aber gleich wohl, als wir ins Gespräch kamen. Wir unterhielten uns über ihre neue Frühjahr/Sommerkollektion, unsere gemeinsame Teeleidenschaft (unbedingt ihr Rezept ausprobieren, siehe nächstes Kapitel), ihr erstes

Wickelkleid und ihr spannendes Leben (sie ist mit einem Prinzen verheiratet). Diane ist eine beeindruckende Powerfrau, die mit beiden Beinen fest im Leben steht und das auch genießt. Ich bewundere sie!

3.

Ein Kompliment von Grace Coddington zu meinem Outfit! Grace ist Creative Director der amerikanischen *Vogue* und Anna Wintours Assistentin. Ich habe ihre Memoiren gelesen (sehr empfehlenswert!). Auf einer Fashion Week in Paris rempelten Grace und ich uns nach der Haider-Ackermann-Show beim Hinausgehen versehentlich an. Ich erkannte ihre rote Mähne sofort. Sie lächelte freundlich, entschuldigte sich und ... machte mir ein Kompliment zu meinem farbenfrohen Outfit: »Ich trage ja meist Schwarz, habe aber insgeheim eine Schwäche für Frauen, die Farbe tragen!« Den restlichen Tag oder besser die restliche Woche über schwebte ich wie auf rosa Wolken.

DIE DO'S & DON'TS DER FASHION WEEKS

Nach fast sechs Jahren und ein paar Dutzend Modenschauen hier ein paar meiner Tipps, die ich damals auch gern gehabt hätte.

- Immer auf Überraschungen gefasst sein. Manchmal bekommt man Einladungen ein paar Tage im Voraus, manchmal aber auch nur eine Last-Minute-Einladung per SMS. Daher immer top gekleidet sein.
- Viele Leute wollen auffallen und ziehen sich wie Lady Gaga oder andere Promis an. Nicht nachmachen! Du fällst dann zwar auf, aber negativ. Jeder wird merken, dass du neu in der Szene bist.
- Bring keine Freundinnen zur Show mit. Man kommt ohnehin nur schwer hinein. Begleitung also bitte zu Hause lassen.
- Jeder ist auf Fashion Weeks gestresst. Gehe daher der PR-Dame nicht auf die Nerven. Fasse dich kurz, stelle nur die wichtigen Fragen. Sei professionell.
- Bei Modenschauen gibt es keine Werbegeschenke. Frage also gar nicht erst danach, sondern freu dich einfach über deinen Sitzplatz.
- Während der Show nicht essen. Total daneben!
- Wenn du in der ersten Reihe sitzt, nie die Beine übereinanderschlagen. Die Fotografen am Ende des Laufstegs (der härteste Job auf der Fashion Week!) wollen möglichst freie Sicht und bitten daher immer, die Beine nebeneinanderzustellen.
- Nie dasselbe Outfit an zwei Tagen tragen. Auf Fashion Weeks ein No-Go.
- Beschwere dich nicht über den Stuhl, auf dem du sitzt. Sei froh, dass du einen hast.
- Werde nicht laut, wenn dein Lieblingsmodel auf dem Laufsteg erscheint. Bleib ruhig und professionell.

MUST-HAVES FÜR DEN ECHTEN MODEL-LOOK

- Models tragen meist Schwarz: leicht zu kombinieren und absolut fantastisch zu Grau, Weiß, Camel und Jeansblau.
- Klare Linien, ohne Schnickschnack. Models wollen klare Silhouetten. Das Gleiche gilt für Schmuck: Schlicht ist schön.
- Der ultimative Model-Look: enge Jeans, weißes Tanktop und schwarze Lederjacke.
- Robuste – vorzugsweise flache – Stiefel. Models laufen den ganzen Tag auf High Heels herum. In ihrer Freizeit haben sie es daher gerne robust und bequem.
- Models sind immer frisch geschminkt: Concealer (um die Spuren stundenlanger Arbeit zu überdecken), etwas Mascara auf den oberen Wimpern, Rouge für frischen Teint und Lipbalm. Fertig!
- (Kunst-)Pelzjacke. Ein absolutes Muss!
- Models wissen, wie wichtig perfekte Passform ist. Sie sind von den großen Modehäusern stundenlange Anproben gewohnt. Deshalb sieht man sie nie in einem schlecht sitzenden Ensemble.
- XXL-Handtasche. Wie sonst sollte man Mappe, Wasserflasche, High Heels und Ballerinas von einem Event zum nächsten transportieren?
- Models wissen, dass man seine Vorzüge betonen sollte. Lange Beine? Kurzer Rock! Hohe Wangenknochen? Haare zusammenbinden! Setze auf deine Gene.
- Auch jenseits des Laufstegs strahlen Models Selbstbewusstsein aus. Damit lässt sich sehr viel mehr Wirkung erzielen als mit teurer Designermode!

MODELS, DIE MEHR ALS EINEN BLICK WERT SIND

Anja Rubik	Maryna Linchuk
Frida Gustavsson	Liu Wen
Abbey Lee Kershaw	Anna Selezneva
Karlie Kloss	Kasia Struss
Chanel Iman	Eniko Mihalik
Freja Beha Erichsen	Hanne Gaby Odiele
Natasha Poly	Cara Delevingne

LITTLE BLACK BOOK

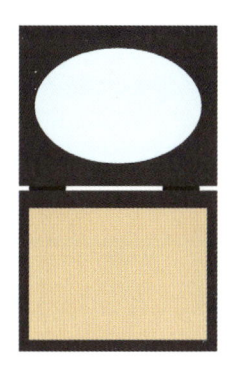

BEAUTYTIPPS

Die Make-up-Trends aus Paris: schlicht und schön

SOFIE VALKIERS

BEAUTYTIPPS

Schönheit kommt von innen. Wie sonst erklärt sich der schöne, entspannte Teint nach einem Tag in einer Wellnessoase? Wer glücklich ist, strahlt Selbstbewusstsein aus. Man braucht sich also gar keine dicke Make-up-Schicht ins Gesicht zu schmieren. Mach es wie die Pariserinnen: unaufdringlich, schlicht und trotzdem schön.

MEIN BEAUTYPROGRAMM

Beginnen wir am Morgen: Hier muss ich auch schon meine erste Sünde gestehen. Ich wasche mir morgens nie das Gesicht. Natürlich reinige ich meine Haut abends vor dem Schlafengehen. Weshalb also morgens noch mal? Vielleicht bin ich morgens einfach zu faul. Kann durchaus sein :). Ich beginne mit einer Tagescreme, am besten einer BB-Creme, einer dieser Alleskönner (Feuchtigkeitspflege, Tönung, Lichtschutz etc.). Grundierung mag ich nicht, es sei denn, ich gehe zu einer Party oder einem Event. Nach dem Auftragen der BB-Creme kaschiere ich die dunklen Ringe unter meinen Augen mit etwas Concealer – die beste Erfindung aller Zeiten.

MAKE-UP-FACHBEGRIFFE KURZ ERKLÄRT

BB-Creme
Blemish Balm – ein Allroundprodukt, eine Mischung aus Pflege und Make-up. Es ersetzt Tagescreme, Grundierung und sogar Sonnenschutzcreme. Das nenne ich Multitasking.

Grundierung
Auch *fond de teint* genannt – eine Make-up-Unterlage. Macht den Teint heller oder dunkler und überdeckt Hautunreinheiten.

Concealer
Abdeckstift, kaschiert Flecken, Pickel und dunkle Ringe unter den Augen.

Highlighter
Damit lassen sich besonders schöne Gesichtspartien schimmernd in Szene setzen. Sehr effektvoll auf Wangenknochen und Nase.

Rouge
Für etwas mehr Farbe im Gesicht: ein gesunder rosiger Schimmer auf den Wangen, wie nach einem ausgedehnten Waldspaziergang.

Creme-Rouge
Rouge mit cremiger Textur: leichter aufzutragen und natürlicher in der Wirkung.

Mein Make-up ist meist **sehr natürlich**. Ich verwende lediglich ein bisschen Mascara für die oberen Wimpern. Natürlich passe ich mein Make-up dem jeweiligen Anlass und Outfit an. Den natürlichen Look finde ich sehr modern. Komplett auf Augen-Make-up zu verzichten kann extrem trendy aussehen.

Manchmal verwende ich (braunen) **Lidschatten**, weil das meine blauen Augen besser zur Geltung bringt – eine Art 3D-Effekt. Unverzichtbar sind schwarzer Eyeliner und Mascara auf den oberen und unteren Wimpern für dezente Smokey Eyes. Sehr schön auch tagsüber. Am Abend sorgt dann schwarzer Lidschatten für echte Smokey Eyes à la Brigitte Bardot. Sie wusste, was sexy wirkt ...

Kommen wir zu **Rouge**. Ein Leben ohne Rouge kann ich mir nicht vorstellen. Rosig-frischer Teint wie nach einem Spaziergang an der frischen Luft und das ganz einfach aus dem Tiegel.

Und noch ein Muss: **Highlighter** für den zarten Schimmer, zum Beispiel auf Wangenknochen und Nase. Magie pur. Ich mag cremige Texturen. Daher kaufe ich fast immer Creme-Rouge oder Creme-Lidschatten. Sind auch moderner als die Varianten in Pulverform.

Mein Make-up trage ich praktisch immer **mit den Fingern** auf. Cremes lassen sich mit den Fingern leichter verteilen, und das Ergebnis wirkt viel natürlicher. Bei Einladungen zu Partys oder zum Abendessen trage ich mein Make-up mit Pinsel oder Schwamm auf. Es deckt dann besser und wirkt professioneller. Und natürlich hat es etwas Luxuriöses und Entspannendes, sich mit dem Pinsel über das Gesicht zu fahren. Eine super Gratismassage.

Verführerische Lippen zaubere ich mir mit Lipgloss oder Lipbalm. Wenn ich auf dem Glamourtrip bin, greife ich zum tiefroten Lippenstift. Ich kaufe immer Lippenstift mit leichten Blauanteilen, weil das besser zu meinem hellen Teint passt. Alle Glücklichen mit olivfarbenem Teint sollten sich für mehr Orange- oder Braunanteile entscheiden.

Wenn ich nach Hause komme, ist als Erstes **abschminken** angesagt. H_2O von Bioderma: Ohne kann ich nicht! Den Tipp hat mir mal ein Make-up-Artist auf einer Fashion Week gegeben. Sehr praktisch in der Anwendung, weil das Produkt nicht nur die Haut reinigt, sondern auch die Augen. Ich bin wirklich etwas faul ;-).

Einmal pro Woche gönne ich mir eine **Tiefenreinigung** mit *Clarisonic Mia 2* und eine Gesichtsmaske. Ein- bis zweimal pro Woche gibt's auch ein Peeling, aber nicht täglich, denn man will den natürlichen Schutzmantel der Haut ja nicht zerstören.

Ab und zu ein **make-up-freier Tag**: himmlisch. Hat die Haut nicht auch einmal eine Auszeit verdient?

Und hier mein letzter **Geheimtipp für schöne Haut**: Man ist, was man isst. Also viel Avocados und Fisch essen, mehrere Liter Wasser oder Tee am Tag trinken und Nüsse knabbern. Das lässt die Haut strahlen.

MEINE BESTEN BEAUTYTIPPS

- Betone deine Vorzüge. Angelina Jolies Lippen flehen geradezu nach Lipgloss und Lippenstift. Schöne Augen werden mit dem richtigen Lidschatten noch grüner/blauer/brauner/heller/tiefer (Nichtzutreffendes bitte streichen).
- Nie mit Make-up ins Bett gehen: Das lässt die Haut altern und versaut obendrein die Bettwäsche.
- Mehrere Liter weißen Tee trinken. Auch ein Tipp von einer Visagistin. Das soll gut gegen Falten sein. Und selbst wenn es nicht wirkt, hat man immerhin literweise köstlichen Tee getrunken.
- Hör auf die Experten. Zehn Minuten auf dem Schminkstuhl deiner Lieblingsparfumerie können dein Leben verändern. OK, vielleicht ein bisschen übertrieben, aber du weißt, was ich meine. Guter Rat ist unbezahlbar.
- Experimentiere! Make-up kann man abwischen, also einfach verschiedene Farben und Texturen ausprobieren, bis du den besten Look für dein Gesicht gefunden hast.
- Immer darauf achten, dass Gesicht und Hals den gleichen Farbton haben.
- Gehe auf *YouTube*. Nirgends bekommt man so viele Schminktipps wie in den zahllosen hochgeladenen Videoanleitungen. Es lebe das Internet!
- Highlighter ist nicht dasselbe wie Concealer. Kaufe beides: Concealer zum Abdecken von Augenringen und kleineren Makeln und Highlighter, um schimmernde Akzente zu setzen.
- Wimpern vor dem Auftragen von Mascara nach oben biegen. Das klappt. Wirklich!
- Entweder Lippen oder Augen betonen. Das ist dasselbe wie mit Dekolleté und Beinen. Nie beides zugleich.
- Zu viel ist zu viel. Grundierung ist OK, aber bitte in Maßen. Die beste Wirkung erzielt man mit der richtigen Dosierung. Die Haut soll hinterher strahlen.

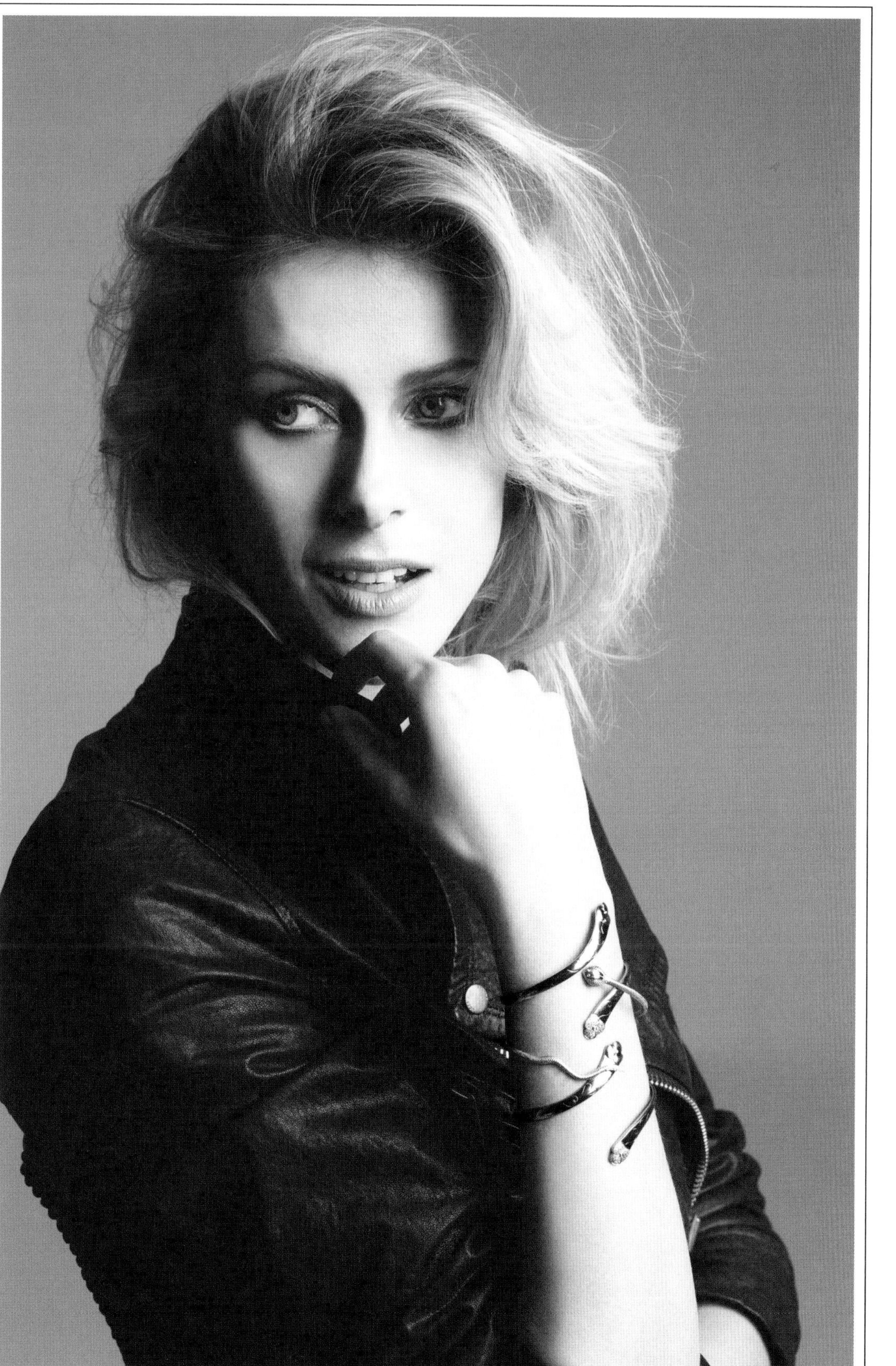

HEUTE IST EIN GUTER (HAAR)TAG

Dunkelbraune Locken, falsche Farbe ausgesucht und plötzlich rote Haare, schicker Bob à la Victoria Beckham, Pferdeschwanz ... Habe ich alles schon hinter mir, bis ich endlich meinen Schnitt – oder wie man das nennen mag – gefunden habe: einfach, schulterlang, blond.

Zur Farbe nur so viel: Ich bin da sehr wählerisch. Ich will Champagnerblond. Gold- oder – noch schlimmer – Honigblond mag super sein für Goldilocks oder Lady Gaga, aber sicher nicht für mich. Nein danke.

Ich will eine Farbe, die meinem Gesicht schmeichelt, sodass ich auch ohne oder mit nur wenig Make-up gut aussehe. Immer wenn ich eine falsche Farbe ausgewählt hatte, musste ich meine Haare hinterher entfärben lassen, was sie trocken und spröde gemacht hat. Also habe ich angefangen, sie durch gesunde Ernährung wieder zum Glänzen zu bringen. Hier meine Einkaufsliste:
- Kürbiskerne (die esse ich zum Frühstück – lecker!)
- Nüsse (sind ebenfalls Teil meines Frühstücks)
- Dunkelgrüne Gemüsesorten (Spinat oder Brokkoli)
- Fettfische (meine Favoriten)

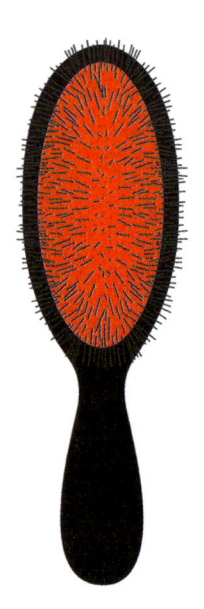

Natürlich muss man seine Haare nicht täglich waschen, damit sie gut aussehen. Ich wasche meine alle zwei bis drei Tage. Eigentlich sehen sie besser aus, wenn sie nicht frisch gewaschen sind. Mein Tipp: natürlicher Look. Haar, das mit Unmengen Haarspray und einem altmodischen Schnitt gewaltsam in Form gebracht wurde, ist furchtbar. Bei jungen Frauen sieht das altbacken aus, und wenn man nicht mehr so jung ist, sollte man sich erst recht nicht älter machen, als man ist.

Pflege dein Haar bis in die Spitzen, aber achte auf ein natürliches Erscheinungsbild. Und hier mein wichtigster Tipp: Spare NIEMALS an deinem Haar. Suche dir den besten Hairstylisten, den du dir leisten kannst. Wenn du deinen Look verändern möchtest, achte darauf, dass dein Friseur auf derselben Wellenlänge ist wie du. Wenn nicht, tröste dich, Haare wachsen nach.

SIEBEN TIPPS FÜR SCHÖNERES HAAR

1.
Mische deinem Conditioner ein paar Teelöffel Honig bei.
15 Minuten einwirken lassen. DER Tipp gegen krauses Haar.

2.
Massiere 100% reines Kokosöl ins trockene Haar. 20 Minuten einwirken lassen. Wie gewohnt auswaschen. Wirkt wahre Wunder gegen trockenes Haar.

3.
Rühre dir eine Feuchtigkeitsmaske aus vier Esslöffeln Honig und sechs Esslöffeln Olivenöl an. 15 bis 25 Minuten einwirken lassen. Gründlich ausspülen.

4.
Noch ein Geheimrezept gegen trockenes Haar und Spliss: 1 EL Honig + 1 EL Mandelöl + 1 EL Apfelessig. Gut verrühren, im Haar verteilen, einwirken lassen, ausspülen.

5.
Wie wäre es mit einer Mayonnaisemaske? Klingt eklig, ich weiß, wirkt aber richtig gut. Mayonnaise im Haar verteilen und einwirken lassen. Dann natürlich gut ausspülen :-). Für glänzende Lockenpracht in 30 Minuten!

6.
Drei Beutel grünen Tee mindestens vier Stunden in heißem Wasser ziehen lassen. Haare wie gewohnt waschen. Mit grünem Tee spülen. Regelmäßig angewendet, sorgt das für kräftiges, glänzendes Haar.

7.
Auch Bier oder Essig tun dem Haar gut. Bier- oder Essigspülungen lassen das Haar glänzen wie in der Werbung.

---

tipp

Haarmaske anwärmen. Dann gelangen die Nährstoffe bis in die Haarwurzeln.

SCHLECHTE HAARTAGE UND WAS MAN DAGEGEN TUN KANN

Aufwachen, aufstehen, anziehen und dann der Blick in den Spiegel ... Igitt! Schlechter Haartag! Kommt dir das bekannt vor? Natürlich, es passiert jedem. Mein Tipp: Ruhe bewahren. Hände weg von Glätteisen und Glättungscreme. Die machen es nur noch schlimmer. Gönne deinem Haar eine Pause, schließlich bist du auch nicht immer gleich gut drauf.

Was also tun? Binde dein Haar zu einem lockeren Knoten (Promi-Style) oder zu einem strengen Pferdeschwanz (Model-Style). Das hilft immer und ist sehr stylish. Du magst keine Rattenschwänzchen rechts und links? Dann kommt jetzt der kleine schwarze Hut (à la Saint Laurent) zu seinem Recht. Wenn gar nichts mehr geht, nimm Trockenshampoo. Einfach das Wunderzeug ins schlecht sitzende Haar sprühen, und schon sieht alles besser aus. Mein Favorit ist *Klorane* für mehr Volumen und Griffigkeit. Ein echtes Muss!

PEELING & HAUTPFLEGE SELBST GEMACHT

Selbst gemachtes Peeling

In meinem Bad steht neben dem Waschbecken immer eine kleine Schüssel mit Zucker. Den verreibe ich vorsichtig auf der zuvor angefeuchteten Gesichtshaut und – vor allem im Winter – auch auf Lippen und Händen. Samtweiche Haut garantiert.

Erste Hilfe bei trockener Haut

½ Avocado
1 EL Olivenöl
1 EL Honig
1 Spritzer Zitronensaft
Miteinander verrühren und auf Gesicht und Hals auftragen. 10 Minuten einwirken lassen, abspülen, und schon ist die Haut babyzart und gut hydriert.

Zarte Ellenbogen und Knie

Orange halbieren und damit Ellenbogen und Knie einreiben.
Deutlich billiger als teure Peelingcremes und mindestens genauso wirksam.

Jo, Jo, Joghurt

Mein Rezept gegen spannende, empfindliche Haut:
1 Tasse Joghurt
½ Tasse Haferflocken
Verrühren und großzügig auf das Gesicht auftragen. 15 Minuten einwirken lassen und mit Wasser abspülen.

Pickel ade

Ein preiswertes Mittel gegen das lästigste aller Hautprobleme: Pickel. Einfach etwas Apfelessig auftragen. Damit verschwinden nicht nur Pickel, sondern auch Bakterien im Nu.

SO MACHEN'S DIE HOLLYWOODSTARS

Kate-Moss-Shake

Ich traf Kate Moss in London auf einer Pressekonferenz. Aus der Nähe sah ich, wie schön ihre Haut war (gar nicht so leicht bei all den Ausschweifungen, die man ihr nachsagt). Natürlich musste ich ihr unbedingt ein paar Beautygeheimnisse entlocken. Hier zwei ihrer Tipps:
– Jeden Tag Feuchtigkeitscreme auftragen (von *La Mer*, aber pssst!).
– Jeden Morgen frisch gepressten Saft trinken: Karotten, Ingwer, Rote Bete und Orange. Das macht die Haut von innen schön. Lecker (mir zumindest schmeckt's!). Hoffentlich sehe ich dann auch irgendwann aus wie sie :-).

Diane-von-Fürstenberg-Tee

Nach ihrer Modenschau in New York lud mich Diane von Fürstenberg zu sich nach Hause ein. Wir unterhielten uns nett und entdeckten eine gemeinsame Leidenschaft: Tee. Sofort gab sie mir ihr Lieblingsrezept:
Frischen Ingwer schälen, würfeln und in kochendem Wasser ziehen lassen. Nach Belieben Zitrone und Honig hinzufügen. Ingwertee wirkt innerlich wie äußerlich wahre Wunder. Ideal auch als Erkältungstee.

Und hier noch ein paar Insiderinfos ...

* Auf einer der zahllosen Fashion Weeks gab mir eine bekannte Visagistin Cindy Crawfords Geheimwaffe gegen Falten preis. Dreimal darfst du raten: Vaseline! Diese verteilt sie rund um die Augen, gegen Krähenfüße und Fältchen. Einen Versuch ist es wert, oder? Und apropos ... wusstest du, dass Vaseline auch ganz tolle Wimpern macht?
* Lauren Conrad schwört auf ... Kartoffeln. Wirklich! Kartoffelscheiben in den Kühlschrank legen, kurz in kaltes Wasser tauchen, für 15 Minuten auf die müden Augen legen und ... BING!

- Mary-Kate Olsens Geheimnis? *Tweezerman Spa Slant Tweezer* (eine Pinzette und ein echter Zungenbrecher!). Kein Wunder, dass Mary-Kate die schönsten Augenbrauen des Universums hat.
- Auf einer New Yorker Fashion Week weihte mich Candice Swanepoel in ihr kleines, aber sehr wirksames Geheimnis ein. Wie schafft sie es, nach einer stressigen Fashion Week so frisch auszusehen? Cremefarbener Kajal! Der dezente Schimmer in den Augenwinkeln sorgt für strahlende Augen.

PARFUM
Parfum ... ein Hauch von Luxus!

Die besten Körperstellen für Parfum? Alle, an denen man geküsst werden möchte (also, wenn das nicht romantisch ist ...).
Alternative: Parfum in die Luft sprühen und durch die Duftwolke gehen.

Ich bin verrückt nach schönen Düften. Ich sammle sie sogar! Nichts macht mehr Spaß als die tägliche Parfumauswahl. Soll es heute sexy oder doch lieber blumig sein? Meine Favoriten – oder angesichts meiner großen Sammlung wohl besser: einige meiner Favoriten – sind *Coco Noir* von Chanel, *J'adore* von Dior und *Beach Walk* von Maison Martin Margiela.

PROMIS UND IHRE LIEBLINGSDÜFTE

Brigitte Bardot & *Jicky* von Guerlain
Marilyn Monroe & *Chanel N°5*
Gwyneth Paltrow & *Black Orchid* von Tom Ford
Catherine Deneuve & *L'Heure Bleue* von Guerlain
Blake Lively & *The Beat* von Burberry
Kate Moss & *Bluebell* von Penhaligon's

tipp

Modeschmuckringe können auf die Finger abfärben. Einfach innen und außen mit transparentem Nagellack lackieren, und schon ist das Problem der grünen Streifen gelöst.

....

Nägel 5 Minuten in Olivenöl baden. Der beste (und preisgünstigste!) Tipp für schöne, gesunde Nägel.

....

Finger- und Fußnägel farblich aufeinander abstimmen. Sieht harmonischer aus.

....

Nagellack im Kühlschrank aufbewahren (um ein Eintrocknen zu verhindern).

....

NÄGEL UND HÄNDE

Ich liebe Nagellack! Aber die richtige Farbe muss es sein. Schön lackierte Nägel sind das i-Tüpfelchen auf dem Look. Folgende Farben sollten in keinem Badezimmer fehlen:

- Nude-Ton
- Bordeaux-Rot
- klassisches Rot
- Schwarz (wirklich!)

NÄGEL LACKIEREN LEICHT GEMACHT

Zunächst die Nägel in Form feilen. Nägel und Nagelbett sollten vollständig trocken sein. (Transparenten) Base Coat auftragen, um Nagelverfärbungen zu vermeiden. Trocknen lassen. Jetzt geht's an die Farbe. Beachte: Drei dünne Schichten sind besser als eine dicke. Den Lack immer von der Mitte des Nagels zu den Rändern auftragen. Einen Millimeter Abstand zum Nagelrand lassen. Sieht schöner aus. Abschließend Top Coat auftragen, damit die Nägel schön glänzen und der Lack länger hält. Korrekturen am besten mit einem in Nagellackentferner getauchten Wattestäbchen vornehmen.

MEINE BEAUTY-IDOLE

Brigitte Bardot
Katzenaugen, blonde Lockenmähne, volle schimmernde Lippen. Brigitte Bardot ist und bleibt eine meiner großen Inspirationsquellen in Make-up-Fragen! Smokey Eyes im Bardot-Stil schminke ich mir sehr gern, besonders abends.

Grace Kelly
Man meint eigentlich, sie trage kaum Make-up. Vielleicht ist Grace Kelly für mich gerade deshalb ein zeitloses Schönheitsidol. Frisch und unaufdringlich. Der perfekte Look für den Tag. Etwas Rouge, leicht betonte Augenbrauen und klassisch-rote Lippen. Besser geht es nicht!

Romy Schneider
Ich bin zwar kein Sissi-Fan, dennoch hat mich Romy Schneider immer inspiriert. Eine der schönsten Frauen der Welt, fast überirdisch schön, diese Klasse und Eleganz. Eine strahlende Schönheit.

Jean Shrimpton
Eines der ersten Topmodels aus den goldenen Sechzigern: Porzellanteint, große, ausdrucksvolle Kulleraugen. Muss ich noch mehr sagen?

Anja Rubik
Für mich ist Anja einer der strahlendsten Sterne am heutigen Modelfirmament. Schaut euch diese Augen an! Und dann ihr makelloser Teint!

Kate Moss
Natürlich darf auf meiner Liste Kate Moss, die Mutter aller Models, nicht fehlen.

Die Olsen-Zwillinge
Ashleys Make-up ist perfekt: strahlender Teint, weiche Brauntöne um die Augen und viel Mascara. Volle Punktzahl!

WAHRE SCHÖNHEIT KOMMT VON INNEN
VIER WEGE ZUR ENTSPANNUNG

ACHTE AUF AUSREICHEND SCHLAF

Regelmäßige Pausen und viel Schlaf lassen dich strahlen. Aber natürlich hast du auch andere Dinge zu tun und kannst nicht rund um die Uhr – oder zumindest acht Stunden – schlafen. Nimm dir daher immer mal wieder Zeit nur für dich. Das hilft, den Kopf frei zu bekommen. Nimm ein Bad, lies ein Buch, schalte Computer und Handy aus, gönne dir einen Tee … Im Schlafzimmer sollte eine entspannte Wohlfühlatmosphäre herrschen.

BEKÄMPFE STRESS

Stress ist schlecht für die Gesundheit und das Aussehen. Deshalb sollte man ruhig auch mal »Scheiße!« (mit Verlaub) sagen. Ich gebe zu, dass auch mir das ab und zu herausrutscht. Tut gut! Vergiss alles andere und denke nur an dich. Atme tief durch, dreh eine Runde um den Häuserblock oder gönne dir eine unanständig lange Pause. Wenn die innere Alarmglocke schrillt, höre auf sie. Es gibt Momente, da zählst nur du.

ERNÄHRE DICH GESUND

Die Kochbücher sind voller Rezepte für Gerichte, die Körper und Seele guttun. Ich habe da mein eigenes Rezept. Vielleicht ist das auch etwas für dich, weil es noch dazu deinen Geschmack trifft. Trinke täglich mehrere Liter Wasser, achte auf deinen Zuckerkonsum, iss viel Fisch, Gemüse und viele Nüsse. Dabei darf der Genuss jedoch nicht zu kurz kommen, das heißt man kann (und sollte!) auch mal sündigen.

Hier meine **10 Favoriten für strahlend schöne Haut**:

- Blaubeeren
- Wildlachs
- Avocado
- Granatapfel
- Grüner Tee
- Spinat
- Tomaten
- Nüsse
- Kiwi
- Dunkle Schokolade

TREIBE SPORT
(ODER VERSUCHE ES ZUMINDEST)

Ganz ehrlich, ich habe nicht genug Zeit für Sport. Wenn du das gleiche Problem hast, lass uns doch gemeinsam etwas ändern: häufiger mit dem Rad fahren, ein paar Häuserblocks weiter weg parken, öfter mal die Treppe benutzen etc. Du weißt schon …

Am Wochenende trifft man mich öfters im Wald. Toll, so ein Sonntagsspaziergang in der Natur: die frische Luft (und hoffentlich auch die Sonne) auf der Haut. Man beginnt sofort zu strahlen. Auch Yoga und Meditation kann ich nur empfehlen. 30 Minuten sind bei mir zur täglichen Routine geworden. Ohne könnte ich nicht mehr leben!

LITTLE
BLACK
BOOK

SHOPPING-ADRESSEN

Antwerpen, Brüssel, New York, Paris, London, Mailand, Berlin …

SOFIE VALKIERS

ANTWERPEN

DRIES VAN NOTEN
Nationalestraat 16, 2000 Antwerpen
www.driesvannoten.be
Dries Van Noten zählt zu meinen belgischen Lieblingsdesignern, nicht zuletzt weil seine herrlich luxuriösen Kreationen immer den neuesten Trends folgen. Sein Flagshipstore liegt im Herzen von Antwerpens Boutiquenviertel, in einem altehrwürdigen Patrizierhaus, das sich seit Jahrzehnten im Besitz seiner Familie befindet. Manchmal hat man sogar das Glück, Dries persönlich im Geschäft zu begegnen.

ENES
Lombardenvest 60, 2000 Antwerpen
www.enes.be
Dieses Kleinod könnte man leicht übersehen. Dabei ist die Schaufensterdekoration umwerfend, und nirgendwo findet man so exquisite Marken wie hier. Mein Favorit sind die Enes Lederjacken - eigentlich auch die Lederhosen ;) - und natürlich alles von Filles à Papa, einem belgischen Modelabel, das von zwei Schwestern geführt wird. Das Verkaufspersonal ist sehr freundlich und die Beratung erstklassig. Diese Adresse sollte daher ganz oben auf der Shoppingliste stehen.

VERSO
Lange Gasthuisstraat 9, 2000 Antwerpen
www.verso.com
Wenn du Luxus magst, schau mal bei Verso rein. Dieser Concept Store beeindruckt nicht nur von außen durch seine prächtige Fassade, sondern auch durch seinen erlesenen Marken- und Produktmix: Valentino, Givenchy, Prada, Dolce & Gabbana, Fendi, M Missoni ... Hier könnte man Stunden verbringen und im Luxus schwelgen.

RENAISSANCE
Nationalestraat 28, 2000 Antwerpen
www.renaissance-antwerp.com
Dieses Geschäft liegt in einer der schönsten Gegenden Antwerpens. Ein absolutes Muss. Nüchternes weißes Interieur und unsagbar schöne Mode. Die Marken: Victoria Beckham, Kenzo, Molami, MSGM ... Im Sommer kann man zwei Fliegen mit einer Klappe schlagen: erst shoppen und es sich dann im dazugehörigen Restaurant (rechts neben dem Geschäft) gemütlich machen. Einfach genießen!

A.P.C.
Lombardenvest 12, 2000 Antwerpen
www.apc.fr
Der Flagshipstore von APC (Atelier de Production et de Création) ist zwar nicht sehr groß, hat dafür aber alles, was das Herz begehrt. Wer auf der Suche nach hochwertigen Basics ist, die jahrelang halten, ist hier richtig.

LOUIS
Lombardenstraat 2, 2000 Antwerpen
Der Luxustempel ist eine wahre Schatztruhe. Die Auswahl an nationalen und internationalen Marken ist beeindruckend: Balenciaga, Balmain, Raf Simons, Maison Martin Margiela ... Auch Männer werden hier fündig.

SN3
Frankrijklei 46-48, 2000 Antwerpen
www.sn3.be
Rund 1000 m² Modehimmel. Chanel, Prada, Gucci, Louboutin, Miu Miu ... Es gibt nichts, was es hier nicht gibt!

WOUTERS & HENDRIX
Lange Gasthuisstraat 13 a & b, 2000 Antwerpen
www.wouters-hendrix.com
Katrin Wouters und die mit ihr befreundete Karen Hendrix sind die Gesichter hinter der angesagten belgischen Schmuckfirma Wouters & Hendrix. Ihre Kreationen aus prachtvollen Halbedelsteinen (Onyx, Rauchquarz, Mondstein, Perlen etc.) lassen jedes Frauenherz höher schlagen.

COCCODRILLO
Schuttershofstraat 9 A B, 2000 Antwerpen
www.coccodrillo.be
Vorsicht: Wer dieses Geschäft betritt, kauft garantiert mehr, als er/sie ursprünglich wollte. Gianvito Rossi, Dries Van Noten, Prada, Saint Laurent ... Auch die It-Schuhe der Saison findet man hier garantiert.

STEP BY STEP
Lombardenvest 16, 2000 Antwerpen
www.stepbystep-antwerpen.be
Pariser und New Yorker Style in Antwerpen. Das ist Step by Step. Isabel Marant, Vanessa Bruno, 3.1 Phillip Lim, Band of Outsiders ... Ein Eldorado für die moderne Fashionista.

ESSENTIEL
Schuttershofstraat 26, 2000 Antwerpen
www.essentiel.be
Farben, Print Fashion, Glitzer. Bei Essentiel findet jeder etwas. Das belgische Modelabel bietet hübsche Mode zu moderaten Preisen. Unbedingt auch beim Accessoireshop in der Lombardenvest vorbeischauen. Dort wird noch mehr fürs Auge geboten.

GRAANMARKT 13
Graanmarkt 13, 2000 Antwerpen
www.graanmarkt13.be
Designermode und Accessoires vom Feinsten (Alexander Wang, Isabel Marant, Carine Vyfeyken, Kenzo ...). Hier kann man nach Herzenslust shoppen. Nach dem Einkauf empfehle ich ein leckeres Mittag oder Abendessen im Erdgeschoss.

COPYRIGHT BOOKSHOP
Nationalestraat 28a, 2000 Antwerpen
www.copyrightbookshop.be
Seit 25 Jahren gehört dieser internationale Buchladen zu Antwerpen. Hier findet man Bücher über Kunst, Mode, Design, Fotografie und viele andere Themen. Suchst du ein bestimmtes Buch, das es sonst nirgends gibt? Dann hast du hier eine echte Chance, fündig zu werden.

HOUBEN
Maria Theresialei 17, 2018 Antwerpen
Etwas außerhalb des historischen Stadtkerns, aber auf jeden Fall einen Umweg wert. Ich schaue immer mal wegen der traumhaften Céline Handtaschen und Alaïa Schuhe vorbei. Qualität und Luxus hoch drei.

ROSIER 41
Rosier 41, 2000 Antwerpen
www.rosier41.be
In Antwerpen sind echte, gute Vintage Geschäfte Mangelware. Rosier 41 kann ich aber wärmstens empfehlen. Viele bekannte Marken zu fairen Preisen. Gefällt mir! Dries Van Noten, Ann Demeulemeester, Maison Martin Margiela, Raf Simons, Jil Sander, Dior, Marni, Chloé, Rick Owens, Damir Doma, Balenciaga und und und ...

ACNE STUDIOS
Lombardenvest 42, 2000 Antwerpen
www.acnestudios.com
Das schwedische Modelabel Acne, einer meiner Favoriten, ist mit einem kleinen Geschäft in der angesagten Lombardenvest vertreten. Klein, aber fein. Ein etwas ausgefallener Casual Style. Genau mein Fall!

ANN DEMEULEMEESTER
Leopold de Waelplaats, 2000 Antwerpen
www.anndemeulemeester.be
Ein Abstecher in den Süden der Stadt lohnt sich, denn Ann Demeulemeesters Geschäft ist absolut sehenswert. Sie entwirft ausdrucksstarke, einzigartige, schwarz weiß dominierte Mode, die hervorragend verarbeitet ist. Muss man gesehen haben!

DVS
Schuttershofstraat 9 (1. Stock), 2000 Antwerpen
www.dirkvansaene.com
Dirk Van Saenes Multibrand Store liegt über Coccodrillo (im 1. Stock) und hat sich, obwohl erst vor Kurzem eröffnet, bereits einen Namen gemacht. Der Fokus liegt auf belgischer Mode: Frieda Degeyter, Sofie d'Hoore, Monsieur Maison, Veronique Branquinho, Walter Van Beirendonck ...

SEVEN ROOMS
Sint Antoniusstraat 12, 2000 Antwerpen
www.sevenrooms.be
Schon mal von Slow Shopping gehört? Das ist das Konzept von Seven Rooms. Dieser einzigartige Concept Store umfasst sieben Räume: Bibliothek, Innenhofgarten, Bad, Schlafzimmer, Küche, Wohnzimmer und Bar. Seven Rooms wurde von Gustav Bruynseraede zusammen mit dem Innenarchitekten Pieter Maes und dem Künstler Frederik De Wilde gegründet. Hier dreht sich alles um Kunst, Design und ... Mode.

COSI COSI
Lombardenvest 45–53–55, 2000 Antwerpen
www.cosicosi.be
Auf 500 m² Verkaufsfläche werden hier diverse italienische Marken angeboten: Patrizia Pepe, AnnaRita N, Atos Lombardini, Pinko ... In der Schuhecke findet man unter anderem auch Marken wie Frida und das belgische Label March23.

LES PETITES
Lombardenvest 22, 2000 Antwerpen
www.lespetites.fr
Dieses Geschäft lasse ich nie aus. Typisch französische Nonchalance, wie ich sie liebe. Les Petites bietet die neueste Mode zu erschwinglichen Preisen. DIE Shopping-Adresse für erstklassige Basics.

LABELS INC.
Aalmoezenierstraat 3A, 2000 Antwerpen
www.labelsinc.be
Designermode zu günstigen Preisen findet man hier. Wer sich in aller Ruhe umschaut, wird wahre Schätze entdecken: Stiefel von Balenciaga, eine Clutch von Proenza Schouler, ein Kleid von Ann Demeulemeester etc. Schnäppchen!

YOUR
Kloosterstraat 90, 2000 Antwerpen
www.your-antwerp.com
Die Liste der hier geführten Marken ist endlos: AMATØR, Ganni, MM6, See by Chloé, Marc by Marc Jacobs, Korres ... Neben Bekleidung gibt es hier auch Kosmetikprodukte und Gadgets aller Art. Außerdem kann man hier ruhig auch in männlicher Begleitung erscheinen. Das Angebot für Herren kann sich nämlich ebenfalls sehen lassen.

HOSPITAL
De Burburestraat 4, 2000 Antwerpen
www.hospital-antwerp.com
Outfits für Sie und Ihn im angesagten Süden Antwerpens. Das sagt alles. Marken wie M Missoni, V AVE SHOE REPAIR, 7 For All Mankind, Joseph, Balmain etc. laden zum stundenlangen Herumstöbern ein.

VIAR VINTAGE
Kloosterstraat 65, 2000 Antwerpen
Designermöbel und -kleidung in stilvollem Ambiente. Man sollte vielleicht ein bisschen sparen, bevor man das Geschäft betritt. Dafür findet man aber auch echte Unikate. Ich habe hier schon den einen oder anderen Sonntag investiert :-).

ANN-VERS
Mechelsesteenweg 10, 2000 Antwerpen
Handtaschen von Chanel, Louis Vuitton oder Hermès führen mich immer in Versuchung. Daher kann ich auch hier meist nicht widerstehen. All die Luxuslabel ziehen mich oft und geradezu magisch an.

THIRON
Drukkerijstraat 6, 2000 Antwerpen
www.thiron.be
Ein Schuhparadies im Herzen Antwerpens. Was will man mehr? Sneakers, Pumps, Stiefel und Marken wie Tim Van Steenbergen, Ellen Verbeek, Veronique Branquinho, MM6 und viele andere. Gefällt mir!

QUALITEA TIME
Kloosterstraat 85, 2000 Antwerpen
www.qualiteatime.be
Die Liebe zu Tee liegt bei uns in der Familie. Dieser Teeladen in der Kloosterstraat wird von meinem Neffen geführt. Hier gibt es nur beste Teesorten: Klassiker, aber auch ausgefallene Sorten und Aromen. Als leidenschaftliche Teetrinkerin decke ich mich hier regelmäßig mit weißem Tee ein.

BRÜSSEL

SMETS
Leuvensesteenweg 650–652, 1030 Brüssel
www.smets.lu
Dieser 4000 m² Concept Store ist der Himmel auf Erden: Luxus, Qualität, Mode, Beautyprodukte und Kunst. Da gerate ich stundenlang ins Schwärmen. Ein Fest für die Augen (weniger für den Geldbeutel). Im Sortiment Marken wie Balenciaga, Kenzo, Givenchy, Saint Laurent, Balmain, Manolo Blahnik und Alexander Wang, die keine Wünsche offenlassen.

SENTEURS D'AILLEURS
Stefaniaplein 1A, 1050 Brüssel
www.senteursdailleurs.com
Ladys, willkommen in diesem Beautytempel. Hier kaufe ich meine Diptyque-Kerzen, Cremes von La Mer und Düfte von Jo Malone. Das Angebot ist erstklassig und das an ein Boudoir erinnernde Interieur originell. Hinzu kommt ein Wellnessbereich, in dem man nach einem anstrengenden Shoppingtag gepflegt entspannen kann.

KURE
Antoine Dansaertstraat 48, 1000 Brüssel
www.kure.be
Ein Stück Skandinavien im Herzen Brüssels. Hier findet man Marken, die man sonst nirgendwo in Belgien bekommt – Hope, Anine Bing, Samsoe & Samsoe, Won Hundred, Margaux Lonnberg, Frisur, Twist & Tango … – da kann man so manche interessante Neuentdeckung machen.

ICON
Nieuwe Graanmarkt 5, 1000 Brüssel
www.icon-shop.be
Wenn ich in Brüssel bin, MUSS ich hier einfach vorbeischauen. Mein Lieblingsgeschäft. Alexander Wang, By Piece of Chic, Isabel Marant, Helmut Lang, Aurelie Bidermann, ManiaMania … die Liste ist endlos und die Bedienung ist ausgezeichnet. Enttäuscht wird man hier nie. Garantiert NIE!

LOUISE 54
Louizalaan 54, 1050 Brüssel
Louise 54 gehört zu den alteingesessenen Geschäften in Brüssel. Marken wie Alaïa, Balmain, Alexander Wang und Céline machen den Multibrand-Store zu einem kleinen Luxus-Eldorado. It-Bags, It-Schuhe, It-Jacken … hier findet man einfach alles.

ISABELLE BAJART
Kartuizersstraat 25, 1000 Brüssel
Isabelle hat ein besonders gutes Auge für Vintage-Mode. Hier sucht man vergeblich abgetragene Kleidung. Was man dagegen findet, sind Einzelstücke zu fairen Preisen. Die Stücke werden hübsch und übersichtlich präsentiert. Perfekt, wenn man auf der Suche nach robusten Outfits für den Alltag ist.

&XPERIMENTAL STORE
Léon Lepagestraat 19–21, 1000 Brüssel
Sehr verlockend. Hier lächelt einen alles an. Designerschuhe von Marc Jacobs, Alexander McQueen oder Givenchy, Stiefel von Mexicana, Brillen von Mykit und Konzeptschmuck von Arielle de Pinto … &XPERIMENTAL besticht aber nicht nur durch sein exklusives Angebot, sondern auch durch modernste Technologie. Hier werden virtuelle Realität und moderne Bildschirmtechnologie in den Dienst der Kunden gestellt. Nie war Schuhe kaufen einfacher.

THE KOOPLES
Louizalaan 72, 1000 Brüssel
www.thekooples.com
Mode mit einem Touch Rock 'n' Roll? Bekommst du bei The Kooples. Peppe deine Garderobe mit coolen Zweiteilern (m/w), Lederröcken, tief ausgeschnittenen Blazern, Vintage-T-Shirts, zerrissenen Jeans und vielem mehr auf.

HATSHOE
Antoine Dansaertstraat 89, 1000 Brüssel
www.hatshoe.be
Der kleine, aber feine Schuhladen ist eines meiner Lieblingsgeschäfte. Mit leeren Händen komme ich hier nie raus. Balenciaga, Chloe, Dries Van Noten, Guiseppe Zanotti, Nathalie Verlinden … ein Paradies für Schuhliebhaber.

LADY DANDY
Edelknaapstraat 81, 1050 Brüssel
www.ladydandy.be
Wunderschöne Vintage-Mode in Topzustand. Genau das findest du bei Lady Dandy. Von hier stammen meine YSL-Clutch, mein Chanel-Blazer und meine Balmain-Lederjacken. Schöne Stücke, mit denen ich sehr glücklich bin.

STIJL
Antoine Dansaertstraat 74, 1000 Brussel
www.stijl.be
Du stehst auf belgische Mode? Dann bist du hier an der richtigen Adresse. Ann Demeulemeester, Haider Ackermann, Tim Van Steenbergen, Kim Stumpf ... Nicht nur die Mode ist stylish, sondern auch das Ambiente: minimalistisches, stilvolles Interieur mit viel Schwarz.

CELINE D'AOUST
Franz Merjaystraat 158, 1050 Elsene
www.celinedaoust.com
Charaktervolle Schmuckunikate, gefertigt aus Naturmaterialien und Amethyst, Quarz, Turmalin, Spinell oder Mondstein. Der belgische Schmuckdesigner wählt seine Steine sorgfältig selbst in Indien aus.

JUST CAMPAGNE
Charleroisesteenweg 30, 1060 Brussel
Auf der Suche nach einer neuen Lederhandtasche? Dann habe ich einen Tipp für dich. Bei Just Campagne bekommst du Handtaschen in allen Formen und Größen: Clutches, Umhängetaschen, Shopper – alles, was du willst. Und solltest du nicht fündig werden, kannst du hier sogar deine eigene Tasche kreieren.

MAISON MARTIN MARGIELA
Vlaamsesteenweg 114, 1000 Brussel
www.maisonmartinmargiela.com
Ein Laden ohne Logo oder Namen, wo man noch läuten muss und sich »wie zu Hause« fühlt? Ja, das ist Maison Martin Margiela. Angesagte Sonnenbrillenmodelle, Parfums, Schmuckkreationen, Handtaschen etc. Das alles findest du hier unter dem MMM Label. Die weiße Fassade verleiht dem Geschäft schon von außen gediegene Eleganz. Ein Juwel!

FRANCIS FERENT
Louizalaan 60, 1050 Brussel
www.ferent.be
Eine Schatztruhe mitten in Brüssel. Plane für einen Besuch bei Francis Ferent genügend Zeit ein, denn dieses Luxuskaufhaus bietet auf satten 1300 m² Verkaufsfläche unter anderem auch ein paar meiner persönlichen Favoriten: Dior, Helmut Lang, Valentino, Stella McCartney ... Unbedingt ansehen!

CACHEMIRE COTON SOIE
Franz Merjaystraat 53, 1050 Brussel
www.cachemirecotonsoie.com
Der Multibrand Store liegt in einem der schönsten Viertel Brüssels. Das Angebot umfasst unter anderem Cédric Charlier, Drome, Seva Jewelry Company, Mawi ... Hier werde ich immer fündig.

COLLECTOR'S GALLERY
Lebeaustraat 17, 1000 Brussel
www.collectorsgallery.com
Die Suche nach Statementschmuckstücken führt mich direkt hierher. Mein Lieblingsdesigner? EK Thongprasert.

HUNTING & COLLECTING
Kartuizersstraat 17, 1000 Brussel
www.huntingandcollecting.com
Hunting & Collecting gehört zu den Musts in Brüssel. Das Geschäft führt über 30 exklusive Marken: atemberaubende Handtaschen von Sophie Hulme, coole Print Fashion von MSGM und unwiderstehliche Pullover von Kenzo. Männliche Begleitung kann hier mit CDs, Büchern und Kunst ruhiggestellt werden.

NEW YORK

BARNEYS
660 Madison Avenue, New York, NY 10065
Das Kultgeschäft in der Madison Avenue. Das Sortiment: alles, was man braucht, um superstylish auszusehen (tagsüber und abends), exklusive Designer, Beautyprodukte, Accessoires und Geschenkartikel.

CREATURES OF COMFORT
205 Mulberry Street, New York, NY 10012
Der Multibrand Store liegt mitten im schicken Greenwich Village. Hierher komme ich, wenn ich etwas Besonderes suche oder auf Markenentdeckungsreise bin.

JEFFREY
449 West 14th Street, New York, NY 10014
Bei Jeffrey finde ich die neuesten Trends. Azzedine Alaïa, Balenciaga, Stella McCartney ... Jeffrey hat alles!

BERGDORF GOODMAN
5th Avenue 58th Street, New York, NY 10019
Wer nach Designermode sucht, ist hier genau richtig.

AESOP
1070 Madison Avenue, New York NY 10028
www.aesop.com
Direkt beim Metropolitan Museum of Art (gute Nachricht: es gibt noch weitere Filialen) bietet AESOP Haut-, Haar- und Körperpflegeprodukte der Luxusklasse, alle mit Antioxidantien. Hier kaufe ich meine Reisegrößen und kleine Mitbringsel für daheim.

WHAT GOES AROUND COMES AROUND
351 West Broadway, New York, NY 10013
www.whatgoesaroundnyc.com
So sollte jedes Vintage-Geschäft sein. Alles erstklassig und im Topzustand. Die Kleidungsstücke sind nach Stil und Farbe geordnet. Die Marken? Chanel, Louis Vuitton, Yves Saint Laurent ... Stars wie Mischa Barton, Jamie Chung und Katy Perry lieben dieses Geschäft. Ich auch!

BABEL FAIR
260 Elizabeth St., New York, NY 10012
www.babelfair.com
Von Printschals der brasilianischen Modedesignerin Alessa über argentinisches Leder bis hin zu japanischem Denim. Wer etwas Ausgefallenes sucht, ist bei Babel Fair richtig. Auch das Interieur ist einen Blick wert.

BLOOMINGDALE'S
504 Broadway, New York, NY 10012
www.bloomingdales.com
Hier kann man sich leicht verirren, aber schlimm ist das nicht. Die Schuhabteilung ist besonders groß. Bloomingdale's setzt beim Schlussverkauf immer spektakulär herab. Die New York-Reise also unbedingt in diese Zeit legen.

MCNALLY JACKSON BOOKS
52 Prince St., New York, NY 10012
www.mcnallyjackson.com
Während der NY Fashion Week bin ich hier regelmäßig, um bei einem Kaffee zu entspannen, zu lesen oder still vor mich hin zu arbeiten. Für mich einer der schönsten Ort in NYC.

BIGELOW APOTHECARIES
414 6th Avenue, New York, NY 10011
www.bigelowchemists.com
Dieses Geschäft zaubert mir immer ein Lächeln auf die Lippen. Es ist, als habe man einen Beautybasar betreten: Hunderte von Beautyprodukten in den Regalen. Mich reizen vor allem die zahllosen Lipbalms. Ein Traum!

STUDIO DUARTE JEWELRY
84 East 7th Street New York, NY 10003
www.studioduarte.com
Die Qual der Wahl: Der brasilianische Schmuckdesigner kreiert wunderschönen Gold- und Silberschmuck in geometrischem Design – daran kann man sich nicht sattsehen.

SAKS 5TH AVENUE
611 Fifth Avenue, New York, NY 10022
www.saksfifthavenue.com
Zu Saks muss man nichts sagen. Ein Eldorado für alle Fans von Designermode und Beautyprodukten. Besser als in den kühnsten Träumen. Obendrein bietet das Haus auch noch kostenlose persönliche Shoppingberatung.

OAK NYC
28 Bond Street, New York, NY 10012
www.oaknyc.com
Bei OAK kaufen jede Menge androgyne Hipster, aber lass dich durch sie nicht abhalten. Hier findest du Skinny Jeans, coole Tanktops und schöne Stiefel. Neben seiner eigenen Kollektion führt OAK auch Designermode von Acne, Alexander Wang, Cheap Monday und anderen.

OPENING CEREMONY
35 Howard Street, New York, NY 10013
www.openingceremony.us
Dies ist der erste von Carol und Humberto eröffnete Opening-Ceremony-Store. Obwohl ich hier schon mindestens 100 Mal war, bin ich immer wieder beeindruckt. Alles, was hier steht/hängt/liegt, ist derart cool und hip, das darf man sich einfach nicht entgehen lassen.

ANTHROPOLOGIE
Rockefeller Center, 50 Rockefeller Plaza, New York, NY 10020
www.anthropologie.com
Bekleidung, Dessous, Accessoires, Dekoartikel etc. Bei der Auswahl verliert man schon mal den Überblick. Und nicht einmal teuer. Was hält einen da noch ab?

KIRNA ZABETE
477 Broome Street, New York, NY 10013
www.kirnazabete.com
Eine meiner Lieblingsadressen, wenn es um erlesene Designermode geht, etwa die neueste Handtasche von 3.1 Phillip Lim, eine Clutch von Charlotte Olympia oder diese unwiderstehlichen Pumps von Proenza Schouler.

BOOKMARC
400 Bleecker Street, New York, NY 10014
Die Buchhandlung liegt in einer hübschen kleinen Nebenstraße (gegenüber der Magnolia-Bäckerei). Neu erschienene Bildbände, eine breite Palette an Marc-Jacobs-Accessoires und natürlich Marcs Lieblingsbücher. Ein toller Ort zum Stöbern und Schmökern.

SUCRE NYC
357 Bleecker Street, New York, NY 10014
www.sucrenyc.com
Wenn es um originellen Schmuck geht, steht Sucre ganz oben auf meiner Liste. Ob edle Steine in unkonventionellem Design oder Statementschmuck, hier könnte ich einfach alles kaufen.

DIE BESTEN VINTAGE-ADRESSEN IN NEW YORK
New York Vintage – 117 West 25h St, New York, NY 10001, www.newyorkvintage.com
Rare Vintage – 24 West 57th St, New York Gallery Building, New York, NY 10019, www.rarevintage.com
Resurrection – 217 Mott Street, New York, NY 10012, www.resurrectionvintage.com
Collette – 1298 Madison Avenue, New York, NY 10128, www.coletteconsignement.com

PARIS

MERCI
111, Boulevard Beaumarchais, 75003 Paris
www.merci-merci.com
Der Concept Store ist Fashionistas in aller Welt bekannt. Das Sortiment umfasst Kleidung, Bücher und Möbel. Außerdem gibt es ein schickes hauseigenes Café zum Entspannen. Unbedingt bei der nächsten Parisreise vorbeischauen.

COLETTE
213, Rue Saint-Honoré, 75001 Paris
www.colette.fr
Auf der Suche nach den neuesten Trends und Gadgets? Colette hat sie: Lebensmittel, Bücher, Accessoires, edle Kleidung, Schuhe, Handtaschen, Brillen etc. Hier kann man sich stundenlang die Zeit vertreiben.

ISABEL MARANT
1, Rue Jacob, 75006 Paris
www.isabelmarant.tm.fr
Ich liebe Isabel Marant. Ihre Mode ist erschwinglich (unbedingt einen Blick auf die Etoile-Kollektion werfen) und hat diesen typischen Pariser Flair. Ein Parisaufenthalt ohne einen Besuch in ihrem Geschäft? Undenkbar.

THE BROKEN ARM
12, Rue Perrée, 75003 Paris
Erstens komme ich hier sehr gern zum Mittagessen hin. Zweitens gefällt mir auch das Geschäft, das sich überwiegend auf Pariser Modedesigner konzentriert. Hier habe ich schon den einen oder anderen hübschen Pullover und so manche Accessoires von Kenzo erstanden.

A.P.C. OUTLET
18, Rue André del Sarte, 75018 Paris
Eines der interessantesten Outlets in Paris. A.P.C. Kreationen (der letzten Saison) zu unschlagbar günstigen Preisen. Was will man mehr?

LE 66
66, Avenue des Champs-Élysées, 75008 Paris
www.le66.fr
Le 66 liegt an den berühmten Champs-Élysées. Das Sortiment umfasst Mode, Musik und Kunst. Die Liste der geführten Marken ist endlos: Givenchy, Aurelie Bidermann, Theyskens Theory, Linda Farrow, Margaux Lonnberg ... Ich liebe diesen Ort!

HERMÈS
17, Rue de Sèvres, 75006 Paris
www.hermes.be
Das Hermès-Geschäft war früher einmal ein Schwimmbad. Heute kann man hier Wohnaccessoires, Schals, Handtaschen, Schmuck und vieles mehr kaufen. Hinzu kommen eine Buchhandlung, eine Teebar und ein Blumengeschäft. Ein Einkaufsparadies, das man gesehen haben muss.

BRAND BAZAR
33, Rue de Sèvres, 75006 Paris
Gleich neben dem Hermès-Tempel liegt der Brand Bazar, eine Second-Hand-Boutique, aber nicht irgendeine, denn der Brand Bazar wartet mit Labels wie Filles à Papa, Ba&sh, See by Chloé und IRO auf.

ELISE DRAY
7, Rue de la Paix, 75002 Paris
www.elisedray.com
Schmuck kaufe ich in Paris grundsätzlich bei Elise Dray. Rockiger Chic kombiniert mit Boho-Glamour. Hier könnte ich Stunden verbringen. Der Diamantschmuck ist traumhaft schön. Alle Modelle sind Unikate und jenseits des Mainstream.

REPETTO
22, Rue de la Paix, 75002 Paris
www.repetto.com
DIE Adresse für den Ballerinakauf. Riesenauswahl und herausragende Qualität. Ein Glitzern hier, ein Tutu da – das Ambiente erinnert an ein Schwanenseebühnenbild.

DIDIER LUDOT
24, Galerie de Montpensier, 75001 Paris
www.didierludot.com
Didier Ludots Geschäft ist in den schicken Galerien des Palais Royal zu finden. Es bietet eine große Auswahl an Vintage-Designermode: Chanel-Handtaschen, Hermès-Armbänder, Manolo's, Dior ... Nicht der billigste aller Läden, aber ein echtes Muss, wenn man erlesene Einzelstücke sucht.

KILIWATCH
64, Rue Tiquetonne, 75002 Paris
www.espacekiliwatch.fr
Für Kiliwatch sollte man einen ganzen Nachmittag einplanen. Die Zeit braucht man: Vintage Mäntel, Schuhe, Accessoires und Mode zu guten Preisen. Auch in der Buchabteilung könnte ich stundenlang umherstöbern. Kiliwatch liegt immer voll im Trend. Wer Angesagtes sucht, aber nicht zu viel ausgeben will, ist hier genau richtig.

MONTAIGNE MARKET
57, Avenue Montaigne, 75008 Paris
www.montaignemarket.com
Ein Sortiment zum Verlieben: Alexander Wang, Valentino und Azzedine Alaïa ... Luxus pur.

L'ECLAIREUR
12, Rue Malher + 3, Rue des Rosiers, 75004 Paris
www.leclaireur.com
Von außen unscheinbar, aber innen oho. Im Sortiment ausgefallene Kreationen weitab vom Mainstream und sehr exklusiv. Entsprechend exklusiv sind auch die Preise. Daher kaufe ich hier meist nur im Schlussverkauf, in der Hoffnung, dass beim nächsten Mal das Kleid von Peter Pilotto oder der Parka von Giambattista Valli noch da sein wird.

LE BON MARCHÉ
24, Rue de Sèvres, 75007 Paris
www.lebonmarche.com
Einkaufen, wo die Pariserinnen einkaufen? Dann empfehle ich Le Bon Marché mit einem eindrucksvollen Markensortiment: 3.1 Phillip Lim, EK Thongprasert, Equipment, Kenzo, Shourouk und viele mehr.

LE MARCHÉ DES ENFANTS ROUGES
39, Rue de Bretagne, 75003 Paris
Kein Geschäft wie alle anderen, sondern ein überdachter Markt, auf dem man Lebensmittel, Blumen, Dekoartikel und günstige Vintage-Stücke kaufen kann.

BIONDINI
78, Avenue des Champs-Elysées, 75008 Paris
www.biondiniparis.com
So sieht für Liebhaber schöner Schuhe der Himmel aus. Barbara Bui, Casadei, Brian Atwood, Fendi, Saint Laurent … Ich bin mir sicher, dass Carrie Bradshaw hier ihre Schuhe kauft.

DARY'S
362, Rue Saint-Honoré, 75001 Paris
Vintage-Schmuck, der Fashionistas aus aller Welt anlockt. Der Schmuck ist einfach einzigartig, ob Chandelier-Ohrringe, Solitäre, Diamantringe … Ich habe gehört, dass auch die Olsen-Zwillinge hier regelmäßig einkaufen.

SURFACE TO AIR
22, Rue de Grenelle, 75007 Paris
www.surfacetoair.com
Eine Kunstgalerie, die auf ausgefallenes Design setzt. Das ist Surface to Air. Mir gefallen vor allem die Schuhe und die coolen Bomberjacken, und da bin ich nicht allein. Dieses Label steht bei vielen Bloggern auf der Liste.

LOUBOUTIN
38-40, Rue de Grenelle, 75007 Paris
www.christianlouboutin.com
Meine ersten Louboutins habe ich im Geschäft in der Rue du Faubourg Saint Honoré gekauft. Es gibt noch zwei weitere Geschäfte plus ein Geschäft extra für Herren. Pumps, Stiefeletten, kniehohe Stiefel – alle mit der charakteristischen roten Sohle. Worauf wartest du?

BYMARIE
8, avenue George V, 75008 Paris
44, rue Etienne Marcel, 75002 Paris
www.bymarie.fr
Ein Muss für alle Pariserinnen. Hier sind Labels wie 3.1 Phillip Lim, Forte Forte, Maison Olga etc. vertreten. Das Geschäft in der Rue Etienne Marcel (mein Favorit) geht mehr in Richtung Boho Style, das in der Avenue George V setzt dagegen auf klassischen Chic.

MARCHÉ SAINT-PIERRE
2, rue Charles Nodier, 75018 Paris
www.marchesaintpierre.com
Während der Pariser Fashion Week mache ich mich oft auf die Suche nach schönen Stoffen. Hier bin ich da genau richtig. Wunderschöne Stoffe auf fünf Etagen. Jetzt müsste man sich nur noch entscheiden können.

ALAÏA OUTLET
18, Rue de la Verrerie, 75009 Paris
Ich liebe Azzedine Alaïa. Kein Wunder also, dass dieses Outlet auf meiner Favoritenliste steht. Die schmale Rue de la Verrerie ist zwar nicht leicht zu finden (mein erster Besuch hier war eine Odyssee!), aber für die Mühe wird man belohnt.

À LA PARISIENNE
Eine Pariser Kette, die typisch französische Marken vertreibt. Mir gefällt vor allem der Pariserinnen Look. Meine Empfehlung: Sandro (www.sandro-paris.com), IRO (www.iro.fr) und Les Petites (www.lespetites.fr).

DIE BESTEN VINTAGE-ADRESSEN IN PARIS
Le Monde Du Voyage – 108, Rue des Rosiers, 93400 Saint-Ouen, www.lemondeduvoyage.com
Vintage Desire – 32, Rue des Rosiers, 75004 Paris
Free 'P' Star – 8, Rue Sainte Croix de la Bretonnerie, 75004 Paris, wwwfreepstar.com
 + 61, Rue de la Verrerie, 75004 Paris
 + 20, Rue de Rivoli, 75001 Paris
Hippy Market – 21, Rue du Temple, 75004 Paris
www.hippy-market.fr

LONDON

LIBERTY
Great Marlborough Street, London W1B 5AH
Regent Street, London W1B 5AH
www.liberty.co.uk
Liberty ist eines der kultigsten Geschäfte in London. Wenn mir der Sinn nach exklusiven Beautyprodukten steht (zum Beispiel Van Byredo, Trish McEvoy, Frédéric Malle ...), ist Liberty meine erste Anlaufstelle. Aber auch für erlesene Designermode (Carven und Victoria Beckham) sowie Accessoires die erste Adresse.

MATCHES
87 Marylebone High Street, London W1U 4QU
www.matchesfashion.com
London-Besuche ohne einen Abstecher zu Matches gibt es bei mir nicht. Die Mode ist atemberaubend und die Auswahl so groß, dass man garantiert nicht mit leeren Händen heimgeht.

SELFRIDGES
400 Oxford Street, London W1A 1AB
www.selfridges.com
Auch Selfridges muss man gesehen haben. Die Markenliste ist eindrucksvoll: Raf Simons, A. F. Vandevorst, Jimmy Choo und viele mehr. Ach ja, unbedingt die Shoe Hall ansehen, eine ganze Galerie voller Designerschuhe und hochwertiger Street-Style-Schuhe.

TOPSHOP
36-38 Great Castle Street, London W1W 8LG
www.topshop.com
Topshop ist extrem beliebt und das aus gutem Grund. Auch Kate Moss kauft hier regelmäßig (sie hat auch ein paar Kollektionen für Topshop entworfen). Angesagte Mode und Accessoires zu vernünftigen Preisen. Worauf wartest du?

MULBERRY
11-12 Gees Court, St Christopher's Place, London W1U 1JN
www.mulberry.com
Da ich total auf Mulberry stehe, komme ich natürlich an diesem Geschäft nicht vorbei, wenn ich in London bin. Das britische Modehaus ist für Qualität und handwerkliches Können bekannt. Die erste Adresse in London!

KURT GEIGER
St Christopher's Place, London W1U 1JN
www.kurtgeiger.com
Willkommen im Schuhparadies. Kurt Geiger hat alles von Stilettos bis zu Stiefeln. Und man muss dafür nicht einmal das Bankkonto plündern.

ANTHROPOLOGIE
158 Regent Street, London W1B 5SW
www.anthropologie.eu
Wie in New York steht Anthropologie auch in London für tolle Mode, Dessous, Accessoires, Dekoartikel und vieles mehr – das Ganze zu erschwinglichen Preisen.

BEYOND RETRO
58-59 Great Marlborough Street, London W1F 7JY
www.beyondretro.com
Ein unerreichtes Sortiment an Vintage-Mode für Frauen und Männer. Die Stücke sind atemberaubend, die Preise auch.

WILLIAM VINTAGE
2 Marylebone Street, London W1G 5JQ
www.williamvintage.com
Das wohl beste Vintage-Geschäft, das ich kenne. William verkauft seltene Stücke aus den Sechzigern. Zu seinen Kundinnen zählen unter anderen Rachel Zoe und Rihanna.

PORTOBELLO ROAD MARKET
www.portobelloroad.co.uk
Ein Muss für Liebhaber von Vintage-Mode. Diesen Vintage-Markt besucht man am besten freitags oder samstags, denn dann sind alle Geschäfte geöffnet und alle Stände besetzt.

LUCY IN DISGUISE
48 Lexington Street Soho, London W1F 0LR
www.lucyindisguiselondon.com
Céline-Jacken, Dior-Kostüme, Givenchy-Abendkleider etc. Alles, was man sich nur wünschen kann, gibt es in diesem Vintage-Paradies, dessen Adresse man eigentlich lieber für sich behalten würde.

HARRODS
87-135, Brompton Road, Knightsbridge, London, SW1X 7XL
www.harrods.com
Ein Kaufhaus der absoluten Luxusklasse. Das Gleiche gilt für die Auswahl: Chanel, Christian Dior, Louis Vuitton, Miu Miu, Fendi, Balenciaga, Céline ... Unbedingt genug Zeit einplanen. Es lohnt sich.

DOVER STREET MARKET
17–18, Dover Street, London W1S 4LT
http://london.doverstreetmarket.com
Nirgends in England gibt es so viele Kreativtalente auf engstem Raum wie in der Dover Street. Wenn ich Inspiration (sprich neue Designer) für meinen Blog brauche, steht diese Adresse bei mir ganz oben auf der Liste.

BROWNS
24–27, South Molton Street, London W1K 5RD
www.brownsfashion.com
Den Browns-Onlinestore klicke ich fast täglich an. Daher kann ich mir den echten Store in London natürlich nicht entgehen lassen, wenn ich vor Ort bin. Hier entdeckt man immer wieder neue, aufstrebende Talente.

STELLA MCCARTNEY
30, Bruton St, London W1J 6QR
www.stellamccartney.com
Der Flagshipstore dieser Topdesignerin überzeugt mit Mode vom Allerfeinsten!

COUVERTURE & THE GARBSTORE
188, Kensington Park Road, Portobello London W11 2ES
www.couvertureandthegarbstore.com
Mode, Accessoires, Schmuck, Dekoartikel etc. auf drei Etagen. Für einen Besuch plane ich grundsätzlich mehrere Stunden ein. Potenzielle London-Besucher sollten sich das unbedingt vormerken.

DIE BESTEN VINTAGE-ADRESSEN IN LONDON
Rellik – 8 Galborne Rd, London W105NW
   relliklondon.co.uk
William Vintage – 2 Marylebone St, London W1681Q
   www.williamvintage.com)
Pandora – 16–22 Cheval Place, Knightsbridge, London SW71ES
   www.pandoradressagency.com
Absolute Vintage – 15 Hanbury St, London E16QR
   www.absolutevintage.co.uk
The East End Thrift Store – Unit 1A, Assembly Passage, London E44UT, www.theeastendthriftstore.com

AMSTERDAM

MENDO
Berenstraat 11, 1016 GG Amsterdam
www.mendo.nl
Die beste Buchhandlung in Amsterdam! Hier bekommt man Bücher über Kunst, Mode, Fotografie und Kultur, z. B. über Valentino, Vivienne Westwood, David LaChapelle, Inez van Lamsweerde, Helmut Newton und viele mehr. Ein Muss für alle Bücherwürmer.

DE BIJENKORF
Dam 1, 1012 JS Amsterdam
www.debijenkorf.nl
Ich liebe diese große niederländische Kaufhauskette. Sie führt auch Marken (Proenza Schouler, Givenchy, Acne, Joseph, Céline ...), die sonst in Amsterdam seltener sind.

SPRMRKT
Rozengracht 191–193, 1016 LZ Amsterdam
www.sprmrkt.nl
Kein Supermarkt, sondern einer der angesagtesten Concept Stores in Amsterdam: Vintage-Designermode sowie Kreationen von Helmut Lang, Individuals und dem hauseigenen Label SPR+. Einfach mal vorbeischauen!

NUMMER 9
Prinsengracht 226, 1016 HD Amsterdam
www.nummer-9.nl
Nummer 9 ist auf meiner Liste auf Nummer 1. Da es hier eine große Auswahl an skandinavischen Marken gibt, suche ich gerne nach etwas ausgefalleneren Basics.

PAUL WARMER
Leidsestraat 41, 1017 NV Amsterdam
www.paulwarmer.nl
Ich bin süchtig nach Schuhen und Handtaschen von Paul Warmer. Die Auswahl an Marken ist zwar nicht so groß, aber dafür sind es genau die richtigen. Mit leeren Händen verlasse ich das Geschäft jedenfalls nie ...

SHOEBALOO
Leidsestraat 8, 1017 PA Amsterdam
www.shoebaloo.nl
Mit Marken wie Miu Miu, Céline, Aquazurra und Jimmy Choo ist es kein Wunder, dass Shoebaloo seit Jahren unter den Topadressen in Amsterdam gelistet wird.

RAAK AMSTERDAM
Leidsestraat 79, 1017 NX Amsterdam
www.raakamsterdam.nl
RAAK ist ein riesiger Laden Ecke Leidsestraat mit einer großen Auswahl an Marken wie ByDanie, DNA, Dr. Denim, Red Valentino ... Kann ich nur empfehlen!

SKY
Herengracht 228, 1016 BT Amsterdam
www.sky-amsterdam.nl
Dieses angesagte Geschäft befindet sich im Negen-Straatjes-Viertel. Hier findet man Mode im coolen Pariser Stil. Sky führt Forte Forte, Isabel Marant, Étoile, APC, Humanoid, Opening Ceremony und viele mehr.

BUISE
Cornelis Schuytstraat 12, 1071 JH Amsterdam
www.buise.nl
Michelle Buise vertreibt seit Jahren meine Lieblingsmarken: Isabel Marant, IRO, Joseph, Current & Elliot, Bash ... Ein echtes Muss.

READY TO FISH
Prinsengracht 581-583, 1016 HT Amsterdam
www.readytofish.nl
Hinter diesem niederländischen Label verbirgt sich Ilja Visser. Sie macht Mode für die modebewusste, unangepasste, aber trotzdem romantische Frau von heute. Dabei lässt sie sich oft von der Natur inspirieren. Das sieht man auch. Mir gefallen die Materialien, die sie verwendet: von ultraleichter Seide bis hin zu schwerer Wolle. Ilja, ich komme!

RIKA
Oude Spiegelstraat 9, 1016 BM Amsterdam
www.rikaint.com
Die gebürtige Schwedin Ulrika Lundgren war Stylistin, bevor sie unter ihrem eigenen Label Handtaschen und Kleidung entwarf. Die Modedesignerin mit dem eigenwilligen Stil und dem immer wiederkehrenden Sternmotiv zählt heute zu den Großen in der Welt der Mode. Ich warte auf das erste Rika-Geschäft in Belgien. Bis dahin werde ich aber immer wieder gern bei ihr in Amsterdam vorbeischauen.

CENTRE NEUF
Utrechtsestraat 139, 1017 VM Amsterdam
www.centreneuf.com
Vanessa Bruno, Carven, Athe, Kenzo, Sonia Rykiel, Tiger of Sweden, Dante 6, IRO, Aaiko, Won Hundred und Avril Gau. Und das ist noch lange nicht alles! Qualitätsbewusste Frauen sollten sich unbedingt im Centre Neuf umsehen.

EPISODE VINTAGE
Berenstraat 1, 1016 GG Amsterdam
www.episode.eu
Für Vintage-Liebhaber ist dies das Paradies auf Erden. Hier gibt es alles: von Lederjacken über Stiefel bis hin zu Accessoires, und auch die Preise machen Spaß. Ein klares Ja!

MAISON NL
Utrechtsestraat 118, 1017 VT Amsterdam
www.maisonnl.com
Kleiner Concept Store mit einzigartiger Auswahl. Das ist Maison NL. Ob ausgefallene Teetassen, edler Schmuck oder die neuesten It-Sneakers, hier werde ich immer fündig.

MISC STORE
De Clercqstraat 130, 1052 NP Amsterdam
www.misc-store.com
Die Arbeit macht gleich mehr Spaß, wenn das Büro ein bisschen schöner aussieht. Und genau aus diesem Grund zieht es mich in den Misc Store. Notizbücher, modische Füllfederhalteretuis, iPad-Hüllen aus Leder ... alles, was mein Herz begehrt.

ANNA + NINA
Gerard Doustraat, 94, 1072 VX Amsterdam
www.anna-nina.nl
Hier findet man so ungefähr alles und noch dazu zu fairen Preisen. Schmuck, iPhone-Hüllen, die berühmten Schmetterlingsrahmen etc. Ideal, wenn man nach einem originellen Geschenk sucht.

HUTSPOT
Van Woustraat 4, 1073 LL Amsterdam
www.hutspotamsterdam.com
Kaffee in einem Concept Store? Ja, bekommt man hier. Ein toller Laden, in dem es coole Gadgets zu entdecken gibt. DIE Adresse für Hipster.

RESTORED
Haarlemmerdijk 39, 1013 KA Amsterdam
www.restored.nl
Wer auf minimalistische Mode und Accessoires steht, ist hier richtig. Auch das Interieur ist schick und minimalistisch. Auf jeden Fall einen Besuch wert!

MAILAND

BANNER
Via Sant'Andrea 8a, 20121 Milano
www.biffiboutiques.com
Haute Couture auf zwei Etagen im Herzen des Quadrilatero della Moda. Das muss man gesehen haben. Ideal, um die Kreationen der großen italienischen Modedesigner kennen zulernen.

WAIT AND SEE
Via Santa Marta 14, 20123 Milano
www.waitandsee.it
Ein Shoppingparadies! Hier kaufe ich ein, wenn ich originelle Geschenke, Mode, Accessoires oder irgendetwas Witziges zur Frustbekämpfung suche. Zudem kann man hier jede Menge unbekannte internationale Labels entdecken.

WOK STORE
Viale Col di Lana 5a, 20136 Milano
www.wok-store.com
Im Gegensatz zu den Geschäftsräumen ist die Auswahl hier tatsächlich groß: eine ganze Reihe avantgardistischer Labels wie Opening Ceremony und Henrik Vibskov. Der Wok Store liegt im bekannten Navigli Viertel.

ANTONIA
Via Cusani 5, 20121 Milano
www.antonia.it
Designermode der gehobenen Klasse ist Antonias Markenzeichen. Und wer von einer It Bag träumt, hat hier garantiert die besten Chancen.

CORTO MOLTEDO
Via S. Spirito 14, 20121 Milano
www.corto.com
Echte Handtaschensüchtige gehen zu Corto Moltedo. Alle Modelle werden in Florenz handgefertigt. Dementsprechend findet man ausschließlich Luxustaschen im oberen Preissegment.

LA RINASCENTE
Via Santa Redegonda 3, 20121 Milano
www.rinascente.it
It Bags, Mode, Accessoires, Beautyprodukte und Dekoartikel vom Feinsten. La Rinascente bietet (fast) alles, was das Herz begehrt. Und das Beste: Nach dem Shoppen wartet im Café auf der Dachterrasse die wohlverdiente Erfrischung einschließlich Domblick.

PRADA
Via della Spiga 18 / Via Sant'Andrea 23, 20121 Milano
www.prada.com
Eingefleischte Prada Fans kommen hier voll auf ihre Kosten. Hier werden zwar nur Accessoires verkauft (also keine Bekleidung), aber allein mit all den Schuhen, Kosmetik Produkten, Handtaschen etc. ist man ja schon gut beschäftigt. Außerdem bekommt man hier immer die neuesten Modelle in allen Farben. P wie Prada, P wie Paradies.

EXCELSIOR
Galleria del Corso 4, 20100 Milano
www.excelsiormilano.com
Das Nobelkaufhaus im Herzen Mailands bietet eine breite Palette an Mode, Lebensmitteln und Designartikeln, von allem nur das Beste. Meine Lieblingsetage ist die oberste: Schuhe und Accessoires von Margiela, Marni, Valentino und Proenza Schouler. Bellissimo ...

IRIS
Via S. Andrea 10/A, 20121 Milano
www.irisshoes.com
Ein bei Fashionistas sehr beliebtes Schuhgeschäft. Kein Wunder, wenn man sich die Auswahl anschaut: Chloé, Marc by Marc Jacobs und Jil Sander. Sicher nicht die billigsten Schuhe, aber garantiert die beste Auswahl für die jeweilige Saison.

ELIO FERRARO
Via Pietro Maroncelli 1, 20154 Milano
www.elioferraro.com
Seltene Vintage Einzelstücke von Alexander McQueen und Cartier. Mehr muss ich nicht sagen.

VINTAGE CAVALLI E NASTRI
Via Giacomo Mora 3 & 12, 20121 Milano
Via Brera 2, 20121 Milano
www.cavallienastri.com
Das Nonplusultra für Vintage Fans. Jede Menge verborgene Schätze: Kleider, Schmuck, Handtaschen und Schuhe von Chanel und YSL.

MEMORY LANE
Via Galeazzo Alessi 8, 20123, Milano
www.memorylanevintagemilano.com
Memory Lane gehört zu meinem Mailänder Pflichtprogramm. Man weiß ja nie. Schließlich könnten ja eine Chanel Geldbörse oder ein Vintage Kleid aus den Sechzigern hier auf mich warten. Hier geht jedem Vintage Fan das Herz auf.

BERLIN

THE CORNER
Wielandstraße 29, 10629 Berlin
Französische Straße 40, 10117 Berlin
www.thecornerberlin.de
Stylishe Concept Stores im Westen und Osten der Stadt mit enormer Bandbreite. Vom Hut bis zur Wanduhr, von Accessoires bis hin zu exklusivem Schuhwerk, darunter einige meiner Lieblingsmarken. Beeindruckend!

VOO STORE
Oranienstraße 24, 10999 Berlin
www.vooberlin.com
Seit fünf Jahren im Herzen Kreuzbergs angesiedelter Concept Store der Brüder Müjdeci, der edles Design mit lässigem Interieur verbindet. Nicht nur große Namen locken, hier sind jede Menge echte Entdeckungen möglich.

DAS NEUE SCHWARZ
Mulackstraße 38, 10119 Berlin
www.dasneueschwarz.de
Eine Purse von Chanel? Booties von Chloé? Ein Tweedjackett von Balenciaga? Hier geht es richtig bunt zu, und alles ist ganz und gar Vintage! Unbedingt reinschauen.

ULF HAINES
Rosa Luxemburg Straße 9, 10178 Berlin
www.ulfhaines.com
Bei Ulf Haines verschmelzen exklusive Mode, Accessoires und zeitgenössische Kunst zu einem perfekten Miteinander. Mittendrin Designermode, die sonst nur auf anderen Kontinenten angeboten wird – wow!

DARKLANDS
Heidestraße 46–52, Gebäude 7, 10557 Berlin
www.darklandsberlin.com
Eine Brise Punk und Gothic weht hier, aber sie ist erfrischend anders. Einfach mal einen Blick riskieren.

BIKINI
Budapester Straße 38–50, 10787 Berlin
www.bikiniberlin.de
DIE Concept Mall im denkmalgeschützten und wieder belebten Fifties Ambiente, ohne die üblichen Verdächtigen, die man in jeder Großstadt antrifft. Nach dem Shoppen ist Chillen auf der begrünten Dachterrasse angesagt.

ANDREAS MURKUDIS
Potsdamer Straße 81E, 10785 Berlin
www.andreasmurkudis.com
Hier schlägt das modische Herz von Berlin wohl am lautesten. Unaufdringlicher Chic auf 1000 m², von A wie Acronym bis Y wie Yohji Yamamoto. Wer auch das gute Leben schätzt, probiert Marzipan und testet Designermöbel.

STOCKHOLM

ACNE ARCHIVE
Torsgatan 53, 113 37 Stockholm
www.acnestudios.com/stores/torsgatan
Stockholm ohne einen Besuch bei Acne ist eine halbe Sache. Auch die Kollektion der letzten Saison ist cool.

NITTY GRITTY
Krukmakargatan 24, 118 51 Stockholm
www.nittygrittystore.com
Schwedische, internationale, bekannte und unbekannte Labels. Das alles findet man bei Nitty Gritty. Die Auswahl: Altewai.Saome, House of Dagmar, Isabel Marant und New Balance. Die Preisspanne reicht von erfreulich günstig bis gehoben. Das Interieur ist modern und minimalistisch.

NATHALIE SCHUTERMAN
Birger Jarlsgatan 5, 111 45 Stockholm
www.nathalieschuterman.com
Die Auswahl an großen Namen lässt nichts zu wünschen übrig (Prada, Miu Miu, Balenciaga, 3.1 Philip Lim). Meistens komme ich wegen der Accessoires. Ich sage nur It-Bag!

HOPE
Smålandsgatan 14, 111 43 Stockholm
www.hope-sthlm.com
Eine meiner Lieblingsmarken. Typisch skandinavisch: klare Linien und immer am Puls der Zeit. Hope punktet nicht nur mit Topmode, sondern auch mit einem sehr inspirierenden Interieur (unbedingt die Bilder ansehen!).

LINE & JO
Mäster Samuelsgatan 6, 111 44 Stockholm
www.lineandjo.com
Edler Schmuck mit großer Wirkung. Immer einen Besuch wert, zumal die Preise im erträglichen Bereich liegen.

WHYRED
Drottninggatan 94, 111 36 Stockholm
www.whyred.se
Nonchalance + Eleganz + überraschende Details = Whyred. Das skandinavische Label hat enge Verbindungen zur Musik- und Kunstszene, was sich auch in den Kollektionen widerspiegelt. Wer Basics sucht, ist mit der hochwertigen Qualität gut beraten. Ein Muss für alle Modebesessenen.

EFVA ATTLING
Biblioteksgatan 14, 111 46 Stockholm
www.efvaattling.com
Einer der führenden skandinavischen Schmuckhersteller. Hier habe ich sofort die perfekten Perlenohrringe für mich gefunden, und das war sicher nur der Anfang ... Hochwertiger Schmuck mit minimalistischem Touch. Gefällt mir!

LINE & JO
Mäster Samuelsgatan 6, 111 44 Stockholm
www.lineandjo.com
Edler Schmuck mit großer Wirkung. Immer einen Besuch wert, zumal die Preise im erträglichen Bereich liegen.

BYREDO
Mäster Samuelsgatan 10, 111 44 Stockholm
www.byredo.com
Byredo liegt direkt neben Line & Jo. Das noch junge Unternehmen verkauft schöne Düfte, Hautpflegeprodukte und Raumparfums nach dem Motto »Back to Basics«. Dementsprechend bekommt man hier frische Düfte in schlichten Fläschchen. Unbedingt merken!

HOUSE OF DAGMAR
Fridhemsgatan 43, 112 46 Stockholm
www.houseofdagmar.se
Vor einiger Zeit gründeten drei Schwestern ein junges schwedisches Modehaus und setzten auf künstlerischen Chic: Edle Strickmode, Seidentops und weich fließende Hosen zeichnen ihren erfrischenden Style aus. Dafür wurden sie mit dem bedeutendsten schwedischen Designerpreis belohnt, dem Guldknappen. Leider hat House of Dagmar kein eigenes Geschäft. Verkauft werden ihre Kreationen unter anderem bei Nitty Gritty und Grandpa.

JUS
Brunnsgatan 7, 111 38 Stockholm, Sweden
www.jus.se
Damir Doma und Comme des Garçons sowie eine Schmuckkollektion, die jedes Herz höher schlagen lässt.

ONLINESHOPPING

VINTAGE-MODE
www.vestiairecollective.com
www.rewindvintage.com
www.labellov.com
www.rustyzipper.com
www.farfetch.com
www.designer-vintage.com

EDEL
www.mytheresa.com
www.net-a-porter.com
www.farfetch.com
www.shopbag.com
www.brownsfashion.com
www.luisaviaroma.com
www.matchesfashion.com
www.openingsceremony.us
www.colette.fr

GÜNSTIG
www.asos.com
www.urbanoutfitters.com
www.topshop.com
store.americanapparel.eu
www.etsy.com
www.ebay.be

ONLINE-OUTLETS
www.theoutnet.com (bis zu 70 % Rabatt auf Designermode)
www.yoox.com

SVENSKT TENN
Strandvägen 5, 114 51 Stockholm
www.svenskttenn.se
Das schönste Inneneinrichtungshaus Stockholms. Lampen, Stoffe, Wohnaccessoires etc. Wunderschöne Dinge mit typisch skandinavischem Touch.

MRS H
Birger Jarlsgatan 9, 111 45 Stockholm
www.shopmrsh.com
Mrs H zählt zu den ersten Adressen Stockholms, wenn es um internationale Haute Couture geht. Kein Wunder, wenn man einen Blick auf die Markenauswahl wirft: Balmain, Alexander Wang, Isabel Marant, Ann Demeulemeester und Proenza Schouler.

V AVE SHOE REPAIR
Mästersamuelsgatan 2, 111 45 Stockholm
www.vave-shoerepair.com
Das schwedische Label vereint traditionelle und moderne Stilelemente. Da die Kollektionen schwarz, grau und weiß dominiert sind, lassen sich die Sachen wunderbar mit anderen kombinieren. DIE Einkaufsadresse für Basics! Sehenswert auch die Geschäftsräume: minimalistische Einrichtung, weiße Wände, schwarze Grafikelemente.

© Prestel Verlag, München · London · New York, 2016

Prestel Verlag, München
in der Verlagsgruppe Random House GmbH
Neumarkter Straße 28
81673 München
Tel. +49 (0)89 4136-0
Fax +49 (0)89 4136-2335
www.prestel.de

TEXT & LAYOUT
Sofie Valkiers

SCHLUSSREDAKTION
Sarah Devos

FOTOS
Marcio Bastos
wenn hier nicht anders angegeben: S. 24, 37, 39, 49, 154, 155 (Belgaimage);
S. 26, 28, 35 (Corbis); S. 26, 40, 42, 43 (Reporters); S. 36, 38, 155 (Shutterstock);
S. 27, 30, 31, 32, 33, 34, 41, 42, 43, 44, 45, 46, 47, 120, 153 (Getty Images)

ILLUSTRATIONEN
Inge Rylant

DESIGN
Leen Depooter – quod. voor de vorm.

Die Originalausgabe erschien bei Uitgeverij Lannoo nv. unter dem Titel:
Little Black Book.

DEUTSCHE AUSGABE
Projektleitung: Nicola von Velsen
Übersetzung: Gabi Krause, Warngau
Lektorat und Satz: VerlagsService Dietmar Schmitz GmbH, Heimstetten

Gedruckt in Slowenien

ISBN 978-3-7913-8243-2

Ich kann es immer noch nicht glauben, dass ich mein Hobby und meine Leidenschaft tatsächlich zu einem richtigen Beruf machen konnte. Eines steht fest: All das wäre ohne die bedingungslose Unterstützung meiner Familie nicht möglich gewesen! **Mama und Papa**, danke, dass ihr immer an mich geglaubt habt. Ihr habt mir beigebracht, meinem Herzen zu folgen, und dass ein schönes Leben viel wichtiger ist als Status und Einkommen. Vielen Dank auch an **meinen jüngeren Bruder** und **meine Schwägerin An** für ihre Hilfe und ihre kreativen Ideen. *Ich liebe euch!*

Marcio, mein liebster Freund, auch dir danke ich für alles! Danke für deine vorbehaltlose Liebe und Freundschaft, für die schönen Fotos, die du (fast täglich) von mir machst, für deine endlose Geduld, für deine von mir so geschätzte Begleitung auf Modewochen, für deinen unglaublich kreativen Geist und für deinen brasilianischen Humor, der mich auch nach acht Jahren immer noch zum Lachen bringt. *Eu te amo!*

Einen Riesendank auch an **meine wundervollen Freundinnen** für die vielen interessanten *Cointreaupolitan*-Brainstorming-Abende bei mir zu Hause, die nie versiegende Inspiration, die (Shopping)Nachmittage, die stundenlangen Nägellackiersessions, die fröhlichen *Spritz*-Nachmittage an Wochenenden ... *Ich liebe euch! Ihr seid die Besten!*

Paulien, Evelien, Mieke und Evelien. Ich danke meinen Ladys bei Lannoo, dass sie an mich geglaubt und mir diese Chance gegeben haben. Ich hatte so viel Spaß bei der Arbeit an diesem Buch. Danke, dass alles so reibungslos geklappt hat! **Leen**, danke für dieses schöne Buch. Es ist ein richtiges Juwel geworden. **Inge**, danke für die tollen Illustrationen. Du bist unglaublich kreativ! Liebe **Sarah**, dir danke ich für die Unterstützung bei all der Copy & Paste-Arbeit. Ohne dich hätte ich es nie geschafft!

Und last but not least möchte ich natürlich **euch, lieben Leserinnen**, meinen ganz besonderen Dank aussprechen. Danke dafür, dass ihr seit Jahren meine Fashionata-Beiträge lest, nette Kommentare hinterlasst und mir mit euren Mails Mut macht. Ohne euch wäre dies alles nicht möglich gewesen. *Von ganzem Herzen DANKE!*

xxxx Sofie